Geldspiele
im Blickpunkt

Dirk Rohwedder
Maria Hacks

Geldspiele im Blickpunkt

Neue Zahlen, Fakten und Erkenntnisse

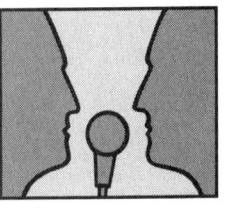

Schriftenreihe
Experten im Gespräch
Band 21

Wissenschaftsverlag Wellingsbüttel
Hamburg · Zürich

Aktuelle Interviews mit
Prof. H. Benesch
Prof. J. C. Brengelmann
Dr. G. Bühringer
Prof. H. Haase
Prof. I. Hand
Dr. K. Herbst
K. Hübner
R. Hüllinghorst
Dr. H. Puhe
Prof. E. K. Scheuch
Dr. A. Schulze
Prof. A. Silbermann
Prof. P. Struck
Dr. J. Weidenhammer

Ein Verzeichnis weiterer Werke aus unserem Verlagsprogramm finden Sie am Schluß dieses Buches.

© 1994 by WISSENSCHAFTSVERLAG
WELLINGSBÜTTEL GmbH
Postfach 65 02 44, 22362 Hamburg
Alle Rechte, insbesondere des auszugsweisen Nachdrucks,
der Übersetzung und jeglicher Form der Wiedergabe,
vorbehalten
Umschlaggestaltung: Gunther Eimers
Fotos: Privat
Gesamtherstellung: Ebner Ulm
Printed in Germany
ISBN 3-926774-20-7

1. Auflage Mai 1994

Inhalt

Vorwort 9

Klaus Hübner:
Ein vermeintliches Geschenk
mit fatalen Folgen 15

Henning Haase:
Ein Glaubenskrieg mit
pseudowissenschaftlicher
Tarnung 31

Erwin K. Scheuch:
Die Konkurrenz
zum Elternhaus ist nicht
das kommerzielle
Freizeitangebot, sondern
die Clique 49

Hellmuth Benesch:
Spielen bereichert das Leben
auch von Kranken 73

Alphons Silbermann:
Für das Automatenspiel
gibt es einen objektiv
nachweisbaren Bedarf 89

Henry Puhe:
Problematisch
ist das
Nicht-Verlieren-Dürfen 111

Rolf Hüllinghorst:
An der Abstinenz
als Therapieziel
halte ich rigide fest 129

Andreas Schulze:
Hochinteressante und
spannende Gespräche 145

Iver Hand:
Die »Suchtbehandlung«
eines Spielers
dringt nicht bis zum Kern
seiner Erkrankung vor 167

Jörg Weidenhammer:
Pathologische Spieler
sind impulsneurotisch
gestört 189

Gerhard Bühringer,
Klaus Herbst:
Wenn Spielen zum Problem
wird, reduzieren
die meisten ihr Spiel
ohne fremde Hilfe 209

Johannes C. Brengelmann:
Fünf
Persönlichkeitsmerkmale
programmieren
den Weg zum Erfolg 231

Peter Struck:
Die Weichen zur Sucht
werden schon
beim Kleinkind
gestellt 245

Anschriften der Experten . . . 261

Gesamtverzeichnis der
Schriftenreihe »Experten im
Gespräch« 263

Vorwort

Seit Anfang der 80er Jahre werden die Gesundheitsgefahren der »Spielsucht« in unserem Lande öffentlich diskutiert. Damit wurde gleichzeitig eine neue Gruppe von Hilfsbedürftigen entdeckt und zum Gegenstand von Forschungsprojekten, Tagungen und Therapie-Angeboten. Sehr schnell wurde die Diskussion kontrovers und allzu oft auch unsachlich. Sie lieferte so manchem Politiker Argumente für populistische Attacken gegen das Automatenspiel und sorgte dafür, daß Journalisten von Presse, Funk und Fernsehen sich an einem Feldzug beteiligten, in dessen Kern die Aussage stand, Spielautomaten würden süchtig machen und seien Ausgangspunkt einer beachtlichen Beschaffungskriminalität. Dabei wurden fast ausnahmslos Einzelschicksale präsentiert und immer wieder der Eindruck erweckt, sie seien typische Beispiele für ein gesamtgesellschaftliches Problem ungeahnten Ausmaßes.

1988, auf dem Gipfel der kontroversen Diskussion um die sog. Spielsucht, haben wir Wissenschaftler verschiedener Disziplinen befragt, die sich seit Jahren mit der Spielproblematik befassen. Wir haben versucht, der inflationären Ausweitung des Suchtbegriffes entgegenzuwirken, um so eine gesellschaftliche Entwicklung wie das Automatenspiel der sachlichen Diskussion zugänglich zu machen statt sie zu tabuisieren. Und wir haben versucht, Licht in das Dunkel der Größenordnung des vermeintlichen Problems zu bringen, denn damals kursierten Zahlen, die mal von einigen wenigen »Spielsüchtigen« bzw. pathologischen Spielern sprachen, mal von bis zu 2,4 Millionen! Wir hoffen, daß unsere damals im Rahmen dieser Schriftenreihe vorgelegte Interview-Sammlung »Exzessives Spielen« und die in ihr zusammengetragenen Fakten ein wenig zur Versachlichung der Auseinandersetzung beigetragen haben.

Inzwischen ist die Diskussion ruhiger geworden und konzentriert sich stärker als damals auf die wesentlichen Fragen – nämlich auf die Hilfe für die Betroffenen, das heißt auf diejenigen, die durch dauerhaft exzessives Spielen versuchen, ihre Probleme zu verdrängen. Das Bild der Spielszene ist aus zahlreichen Untersuchungen inzwischen klar: Es gibt in den alten Bundesländern (in der ehemaligen DDR war diese

Form der Freizeitgestaltung nicht verfügbar) etwa 5 Millionen Spieler, die aktuell an Geldspielautomaten spielen, davon ca. 30.000 Spieler, die pro Woche fünf oder mehr Stunden an einem Spielautomaten verbringen. Von ihnen fühlen sich rund 8.000 subjektiv durch das Spielen deutlich zusätzlich belastet – eine Zahl, die in den letzten zehn Jahren sehr konstant geblieben ist. Das Problem ist also zahlenmäßig vergleichsweise klein – weswegen heute auch kaum noch jemand ernsthaft nach gesetzgeberischen Konsequenzen und Verboten ruft. Unverständlich bleibt allerdings nach wie vor, warum sich die Diskussion um die sog. Spielsucht ausgerechnet am –,30/3,- bzw. –,40/4,-DM-Automatenspiel festgemacht hat und nicht etwa an Roulette-Spielern, Automatenspielern in den Sälen der Spielbanken, an exzessiven Lotto-Spielern oder Börsen-Spekulanten, deren Spieleinsätze und Risiko um ein Vielfaches höher sind.

Dennoch wird das Automatenspiel um DM –,30/3,- bzw. –,40/4,- für manche zum zusätzlichen Problem. Deswegen haben wir das Thema erneut aufgegriffen und fragen nach therapeutischen Hilfsmöglichkeiten für die Betroffenen, nach den Zusammenhängen zwischen Spielverhalten und Straftaten, nach dem Wert einschlägiger Selbsthilfegruppen, nach der psychiatrischen Begutachtung straffällig gewordener Spieler vor Gericht, nach der immer noch ambivalenten Einstellung unserer Gesellschaft zu den verschiedenen Formen des Spielens und vor allem nach den Verläufen von Spieler-Karrieren.

Wir haben aus den Experten-Antworten auf unsere Fragen gelernt, daß Spielen an sich völlig normal ist. Wir haben auch gelernt, daß es beim Spielen wie bei jeder anderen menschlichen Betätigung normal ist, daß einige ein problematisches Verhalten entwickeln. Und wir haben schließlich gelernt, daß die meisten der sich als belastet empfindenden Spieler ein ungelöstes grundsätzliches persönliches Problem haben und die meisten auf dem Wege einer Selbstregulation wieder aus der Phase der Belastung herauskommen. Eigentlich – so haben wir am Ende unserer Interviews den Eindruck – ist das Thema Automatenspiel gar nicht sonderlich spannend, ohne daß wir damit den enormen zusätzlichen Druck verniedlichen wollen, unter dem einige Spieler stehen.

Obgleich nicht gerade aufregend, veröffentlichen wir unsere Interviews dennoch in dem vorliegenden Sammelband – und zwar in der Hoffnung, daß außer uns auch andere zu der eigenen Überzeugung gelangen, daß Automatenspiel – selbst intensiveres Automatenspiel – kein brennendes Problem unserer Zeit, sondern eine völlig normale Freizeitbeschäftigung in unserer Gesellschaft ist, auch wenn es für einige zum Problem werden kann – wie übrigens alles, was besonders viel Spaß macht. Diese armen Individuen nicht zu stigmatisieren und zu kriminalisieren, sie nicht lebenslang in geschlossene psychiatrische Abteilungen abzuschieben, sondern ihnen wirklich zu helfen, ist allerdings auch eine Aufgabe unserer Gesellschaft. Daß – und wie – ihnen zu helfen ist, auch dafür liefert dieses Taschenbuch konkrete Hinweise.

Maria Hacks und Dirk Rohwedder
Hamburg, im April 1994

Klaus Hübner

Ein vermeintliches Geschenk mit fatalen Folgen

Klaus Hübner,
Berlin

Klaus Hübner war von 1969 bis 1987 Polizeipräsident von West-Berlin. Der gebürtige Berliner und gelernte Versicherungskaufmann kam über die Gewerkschaft der Polizei und ein SPD-Bundestagsmandat schon früh zur Sicherheitspolitik, mit der er sich auch heute noch intensiv befaßt.

Frage: Für einen Polizeimann ist das exzessive oder problematische Spielen ja sicher unter dem Aspekt der Beschaffungskriminalität von Interesse. Oder wie haben Sie sich mit diesem Thema beschäftigt?
Hübner: Für mich steht der Aspekt der Prävention im Vordergrund. Meine Frage war damals, ob Erkenntnisse zu gewinnen sind, die dabei helfen können, strafbare Handlungen zu vermeiden. Für eine solche Aufgabenstellung ist es unerläßlich, die Begriffe scharf zu zeichnen. Arbeitet man auf einer verwässerten Grundlage, kann man nämlich nicht zu verwertbaren Erkenntnissen kommen.

Prävention im Vordergrund

Frage: Also müssen wir zunächst den Begriff Beschaffungskriminalität definieren?
Hübner: Interessant ist dabei, daß Beschaffungskriminalität ja gar keine Rechtsnorm ist, sondern ein Arbeitsbegriff, den sich die Kriminalisten ausgedacht haben und der bis heute gebraucht wird, weil er griffig ist. Entscheidend bei der Beschaffungskriminalität ist, daß die Motivation aus der Zwanghaftigkeit des einen Deliktes herkommen muß, ein anderes zu verüben. Das jedenfalls war die Ausgangssitua-

Keine Rechtsnorm

Entscheidend ist die Zwanghaftigkeit

tion beim Rauschgift, wo Drogenabhängige ihren täglichen Geldbedarf von 200,- bis 300,- D-Mark für die Rauschgiftbeschaffung nicht aus normaler Arbeits- und Erwerbstätigkeit bestreiten können. Dieser Geldbedarf ist bei fortschreitender Minderung der Erwerbsfähigkeit irgendwann nur noch durch Kriminalität – bei Frauen durch Prostitution – zu decken. Die Abhängigen sehen keine Alternative, Sucht und Straftat bilden eine echte Symbiose. In einer knapp einjährigen Analyse der Wohnungseinbrüche haben wir in den 80er Jahren hier in Berlin ermittelt, daß 86 Prozent aller Wohnungseinbrecher rauschgiftabhängig waren.

Noch einmal der unmißverständliche Kern meiner Aussage: Entscheidend ist die Zwanghaftigkeit, kriminell zu werden, um den Stoff zu beschaffen, von dem man abhängig ist. Wobei noch zu unterscheiden ist zwischen direkter und indirekter Beschaffungskriminalität, also zwischen direkter Beschaffung des Stoffes durch Einbruch in eine Apotheke und der illegalen Beschaffung eines Rauschmittelrezepts oder der kriminellen Geldbeschaffung, um den Stoff kaufen zu können.

Frage: Heißt das, daß es Beschaffungskriminalität nur in der Drogenszene gibt?
Hübner: Die zweite echte Beschaffungskriminalität gibt es in der Terroristenszene. Hier muß für den »großen Schlag« eine gewaltige Logistik aufgebaut werden, die so viel Geld kostet, daß dieses nur kriminell beschafft werden kann. Dies geschieht beispielsweise durch große organisierte Banküberfälle und Geldtransportüberfälle.

Frage: Im Zusammenhang mit dem problematischen Spielen wird auch von Beschaffungskriminalität gesprochen. Dies tut beispielsweise die Deutsche Hauptstelle gegen die Suchtgefahren. Und der bundesweite Arbeitskreis Glücksspielsucht formuliert: »...beschaffen sich auch glücksspielsüchtige Menschen um (nahezu) jeden Preis ihr Suchtmittel bzw. das dafür notwendige Geld«.
Hübner: Ich betone noch einmal meine Grundforderung, die klar definierte Formel der Zwanghaftigkeit, kriminell zu handeln, um den Stoff zu beschaffen, von dem man abhängig ist, nicht zu verwässern und ins Unscharfe zu übernehmen.
Herr Dr. Meyer, der Schöpfer des Begriffs der Spielsucht und einer

Drogen- und Terror-Szene

Totale Unschärfe

**Willkommene
Zuflucht**

**Paragraphen 20
und 21 StGB**

der Sprecher des gerade von Ihnen zitierten Arbeitskreises, spricht in seinen Gutachten immer wieder von »Konsum- und Beschaffungskriminalität«. Mit dieser Vermengung ist doch schon die totale Unschärfe gegeben, denn – wenn ich es so zynisch sagen darf – außer dem Schwiegermutter- und Gattenmord ist doch schließlich alles Konsumkriminalität.

Was mir wichtig dabei ist – und damit komme ich wieder zur Prävention: In der Szene gerade dieser Kriminalität (das sind ja meist junge Täter, die alle nicht das erste Mal mit Polizei und Gericht zu tun haben) wird Dr. Meyers Argumentation als willkommene Zuflucht angesehen.

Frage: Wie das?
Hübner: Dr. Meyer oder ein anderer wissenschaftlicher Gutachter bestätigt dem Täter, er sei unter dem Zwang, spielen zu müssen, kriminell geworden. Also finden die Paragraphen 20 und 21 des Strafgesetzbuches Anwendung, wo ihm attestiert wird, er sei wegen »einer schweren anderen seelischen Abartigkeit« schuldunfähig. Das bedeutet für den kleinen Täter (im Polizeijargon sagen wir Eierdieb) die Flucht aus

einer Strafe zu einer zur Bewährung ausgesetzten Strafe oder zur Minderung des Strafmaßes.
Dieses vermeintliche Geschenk nimmt der Eierdieb gern hin, ohne die Folgen zu bedenken. Und so hat es sich in der Szene ganz schnell rumgesprochen, daß man auf diese Weise einen schönen Rabatt bekommen kann. Das ist für mich deshalb so fatal, weil man diesen kleinen Tätern auf diese Weise geradezu einredet, daß sie tatsächlich nicht anders können als kriminell zu handeln. Den Weg zur eigenen Resozialisierung schneidet man ihnen ab, man stößt sie in die Einflüsterungen der Szene zurück und verstärkt in ihnen den Glauben, für ihr kriminelles Handeln gar nicht selbst verantwortlich zu sein.

Frage: Sprechen wir in diesem Zusammenhang von Ihren persönlichen Eindrücken oder läßt sich Ihre Argumentation erhärten?
Hübner: Auch zu diesem Thema habe ich eine Analyse machen lassen, die bei den Polizisten besonders schwer durchzusetzen war, weil es sich bei den Delikten der Tätergruppe, die diese Motivation vorgeben, um ausgesprochene Massendelikte handelt: Wohnungseinbrü-

Vermeintliches Geschenk

Eine Berliner Analyse

che, Handtaschendiebstähle, Supermarktklauereien usw.

Im Alltag läuft das so ab: Wenn ein Täter die Frage nach dem Warum seiner Tat mit »ick mußte daddeln« beantwortet, dann nimmt der Polizeibeamte das zur Kenntnis und zu Protokoll und fragt nicht mehr nach, sondern klappt die Akte zu und reicht sie mit dieser behaupteten Motivation zur Staatsanwaltschaft. Im Fachjargon wird das »Verwaltung der Kriminalität« genannt, weil Bekämpfung mittels einer peniblen Aufklärung auf der Strecke bleiben muß.

Ermittlungsakten als Stapelware

Beim Staatsanwalt läuft diese Akte als Stapelware genauso durch und landet schließlich beim Richter. Und bei dem erhebt sich jetzt die Frage, ob er sich für einen solchen kleinen Fall die Zeit nimmt, das Motiv ernsthaft zu hinterfragen oder ob er genauso verfährt wie vor ihm Polizei und Staatsanwaltschaft und Gnade vor Recht ergehen läßt, d. h. in irgendeiner Form Rabatt gewährt.

Teufelskreis durchbrechen

Das ist ein Teufelskreis, den ich einmal durchbrechen wollte. Und deswegen habe ich die Polizeibeamten angewiesen, für einen begrenzten Zeitraum die Mühe des Versuchs auf sich zu nehmen, die Täter in der

Behauptung ihrer Motivation zu erschüttern. Das ist die Kunst der Vernehmung, die der Polizeibeamte ja gelernt hat.

Das Ergebnis: In allen diesen Fällen ergab sich, daß die kriminelle Handlung nicht ausschließlich verübt wurde, um dem Zwang zum Spielen nachzugeben. Das kriminell beschaffte Geld war vielmehr für Essen, Trinken und Spielen ausgegeben worden, die für zwanghaftes Handeln geforderte Ausschließlichkeit war also nicht gegeben, die behauptete Motivation als Schwindel enttarnt.

Nichts als Schwindel

Damit ich nicht falsch verstanden werde, will ich noch einmal klar sagen, worum es mir geht: Wenn ich jemandem den Weg eröffne, eine »lässige Tat« zu begehen und billig dabei wegzukommen – eine Tat, die in Wirklichkeit gar nicht lässig ist –, dann ist das mit meinem Verständnis von Kriminalhygiene nicht zu vereinbaren.

Mangelnde Kriminalhygiene

Frage: Wieso greift eigentlich die Diffamierung der Spielhallen so gut, wo doch nahezu alle Fachleute sagen, daß es eine den stofflich gebundenen Süchten vergleichbare Spielsucht nicht gibt und es folglich – wie Sie eben ausgeführt haben –

Schizophrene Schieflage

eine Beschaffungskriminalität im Sinne einer strengen und ernsthaften Definition im Umfeld des Automatenspiels nicht gibt, nicht geben kann?

Hübner: Das frage ich mich auch, zumal der Staat einerseits diese Melodie kräftig mitsingt und andererseits begeistert kassiert. Überhaupt nicht attackiert wird das Spielen in Casinos und ihren Automatensälen, wo man innerhalb weniger Stunden bitterarm werden kann. Dagegen ist das Risiko bei Unterhaltungsautomaten mit Gewinnmöglichkeit vom Gesetzgeber praktisch auf Null minimiert worden. Die physikalisch-technische Bundesanstalt hat ermittelt, daß man statistisch am Daddelautomaten pro Stunde 28,80 D-Mark riskiert. In der gleichen Zeit kann ich im Automatensaal des Spielcasinos 3.600,- D-Mark riskieren. Diese Schieflage in der öffentlichen Diskussion ist doch schizophren, das muß man auch den Politikern vorhalten.

Wo das Risiko zuhause ist

Mir sind Zahlen von 1988/89 bekannt, die deutlich belegen, wo im großen Stil risikoreich um und mit Geld gespielt wird: Während die Automatenbranche (Hersteller, Großhandel und Aufsteller) rund 4 Milliarden D-Mark umsetzten, verzeichneten die Spielcasinos einen Umsatz von mehr als 100 Milliarden D-Mark.

Frage: Liegt es vielleicht daran, daß Spielhallen Stätten sind, in denen nach den Vorstellungen des Normalbürgers unschuldige Jugendliche zum Glücksspiel verführt werden und Kontakt mit der Unterwelt bekommen?

Hübner: Wenn es um das Spielen in Spielhallen geht, dann ist erwiesen – das bestätigen alle Landeskriminalämter, das bestätigen auch die Jugendämter und sonstigen Fachkenner –, daß hier das Jugendschutzgesetz weitgehend beachtet wird. Offensichtlich ist das Gewerbe stark darauf bedacht, sich nicht durch leichtfertige Verletzung des Jugendschutzgesetzes selbst in Schwierigkeiten zu bringen.

Frage: Sie sprachen bereits das im Casino und beim Spielautomaten sehr unterschiedliche Risiko an. Müßte man nicht eigentlich unterscheiden, ob um Geld oder mit Geld gespielt wird?

Hübner: Hier erschwert in der Tat der politische Zeitgeist eine objektive Betrachtung durch eine völlig kuriose und im Grunde unverständ-

Jugendschutz wird beachtet

Spielen um oder mit Geld

Kurioser Zeitgeist

Unter staatlicher Aufsicht

Ordnungsanspruch und Normverhalten nicht deckungsgleich

liche Einstellung dazu, ob radikal um Geld oder zur Unterhaltung mit Geld gespielt wird. Der Gesetzgeber hat das im Risiko unbegrenzte Spiel um Geld unter staatlicher Aufsicht ermöglicht und von jeder Diffamierung befreit. Zugleich regelt das Gewerberecht ein im Risiko stark gedrosseltes Spiel mit Geld als Unterhaltungsfunktion. Ausgerechnet hier aber werden moralische und im Anschein soziale Bedenken kultiviert, die zu Verzerrungen führen, die argumentativ schwer zu behandeln sind, weil sie emotional besetzt sind. Zum Begriff des Spielens hat der Gesetzgeber eine Kompromißformel gefunden, wie in allen Fällen, wenn staatlicher Ordnungsanspruch mit dem tatsächlichen Normverhalten der Gesellschaft nicht deckungsgleich ist. Weil es immer Menschen geben wird, die das Glück im Spiel suchen, will der Staat vermeiden, daß dieses völlig außerhalb seiner Beobachtung und schlimmstenfalls unter der Kontrolle sozialschädlicher Kräfte stattfindet. Der Gesetzgeber hat also eine Norm in das Strafgesetzbuch geschrieben, die sein Gewissen beruhigt und zugleich seine Kassen füllt, indem er das verkauft, was er nicht wirksam verbieten kann.

Frage: Stammen die Täter, die Spielhallen-Aufsichtskräfte überfallen und ausrauben, aus dem Kreis der sog. Spielsüchtigen? In der Presse wird dieser Eindruck jedenfalls immer wieder erweckt.

Hübner: Als die Tankstellen ihr Wechselgeld noch über Nacht in der Kasse aufbewahrten, wurden Tankstellen überfallen – ganz bestimmt nicht von Benzinsüchtigen oder exzessiven Tankern. Die Spielhallen haben abends zu verkehrsarmen Zeiten geöffnet, haben Bargeld in der Kasse und meist wenig Aufsichtspersonal. Wer entschlossen ist, sich Bargeld durch Raub zu beschaffen, wird ohne allzu große Phantasie schnell auf eine Spielhalle kommen.

Ich weise das Gewerbe immer wieder darauf hin, daß die Einzelaufsicht in der Spielhalle potentiell hochgefährlich ist. Denn es ist fast eine Regel, die man durchbrechen muß und kann, daß die Überfälle auf älteres Aufsichtspersonal (Rentner) verübt werden, das als Einzelaufsicht tätig ist.

Vielleicht wird Sie in diesem Zusammenhang eine Zahl interessieren: 30 Prozent der behaupteten Überfälle auf Spielhallen-Aufsichtspersonal sind als vorgetäuscht zu

Wer sind die Täter?

Einzelaufsicht ist hochgefährlich

Vorgetäuschte Überfälle

enttarnen, die Dunkelziffer ist wahrscheinlich noch viel höher. Das heißt: Ein nicht unerheblicher Teil der behaupteten Überfälle sind tatsächlich nichts anderes als der Versuch des Aufsichtspersonals, den eigenen Griff in die Kasse zu vertuschen.

Die wahre Größenordnung

Und noch eine Zahl zur Verdeutlichung der Größenordnung: Im Jahre 1990 waren laut polizeilicher Kriminalstatistik 2,14 Prozent aller rund 35.000 Fälle von Raubkriminalität in den alten Bundesländern Überfälle auf Spielhallen. Wenn man die Häufigkeitszahl von Straftaten auf 100.000 Einwohner bezieht, dann macht das für 1990 auch wiederum in den alten Bundesländern 56 Fälle von Raub aus und 1,2 Fälle von Spielhallen-Überfällen.

Frage: Wie lautet zum Problem der sog. Spielsucht aus Ihrer Sicht die vorherrschende Meinung der Fachleute aus dem medizinisch-psychiatrischen Bereich?

Es gibt keine Spielsucht

Hübner: Wenn man die Literatur liest, ist die Verneinung der Existenz einer Spielsucht im Sinne von Meyer ganz eindeutig. Meyer und einige wenige Mitstreiter vertreten eine klare Minderheitenmeinung – das allerdings sehr erfolgreich, wenn man denn die Beachtung ihrer Meinung in den Medien als Erfolg wertet.

Frage: Wer nicht bereit ist, die Existenz einer Spielsucht anzuerkennen, setzt sich leicht dem Vorwurf aus, ein ernstes Problem zu verharmlosen.

Hübner: Umgekehrt wird ein Schuh daraus: Diejenigen, die Straftätern den Fluchtweg öffnen und sich unter Berufung auf eine Zwanghaftigkeit für milde Urteile oder Freisprüche stark machen, die verharmlosen durch ihren Griff in die Trickkiste der Spielsucht die begangenen Straftaten.

Viele Gutachter gehen in die Selbsthilfeszene und suchen sich dort ihre Klientel. Da haben sie dann leichtes Spiel, denn die Selbsthilfe redet ihren Mitgliedern ja geradezu ein, daß sie arme Schweine sind, die für ihre Sucht gar nichts können, und daß sie ihre Situation nur dann einigermaßen in den Griff bekommen, wenn sie sich zusätzlich auch noch von der Selbsthilfegruppe abhängig machen.

Griff in die Trickkiste

Arme Schweine

Henning Haase

Ein Glaubenskrieg mit pseudo-wissenschaftlicher Tarnung

Henning Haase,
Frankfurt/M.

Professor Dr. Henning Haase arbeitet seit 1972 am Psychologischen Institut der Universität Frankfurt/Main, wo er sich mit angewandter Psychologie, vor allem mit Markt- und Kommunikations-Psychologie, aber auch mit Freizeit-Psychologie, beschäftigt.

Frage: Sie haben Anfang 1992 ein Buch mit dem Titel »Der Spieler zwischen Wissenschaft und Propaganda« vorgelegt, das – wohl nicht zuletzt wegen seiner klaren Sprache und unmißverständlichen Aussagen – Aufsehen erregt hat. Was interessiert Sie an diesem Thema?

Haase: Im Rahmen der Markt-Psychologie – das ist mein Arbeitsschwerpunkt – ist das Entscheidungsverhalten des Käufers unter Unsicherheit ein zentrales Thema. So gesehen ist der Schritt zum Entscheidungsverhalten des Spielers, ein bestimmtes Risiko einzugehen, nicht groß. Außerdem fasziniert es mich, daß in der Diskussion um das exzessive Spielen an Unterhaltungsautomaten mit Gewinnmöglichkeit zwei völlig unterschiedliche Arten von Menschen im Mittelpunkt stehen. Da sind auf der einen Seite die Spieler, die sich die Freiheit nehmen, sich Situationen auszusetzen, in denen sie nichts wissen können. Sie setzen irgendwie, und wenn sie Glück haben, dann gewinnen sie. Auf der anderen Seite steht der Biedermann im Gewande des Wissenschaftlers, Funktionärs, Sensationsjournalisten oder Politikers, der vielleicht ein wenig weiß und dennoch in das »Spiel« der zeitgeisti-

Entscheidungsverhalten unter Unsicherheit

Der Spieler und der Biedermann

gen Betroffenheit über eine »neue Sucht« einsteigt.

Frage: Gleichsam losgetreten hat diese öffentliche Diskussion ja der Bremer Psychologe Meyer, der 1983 in seiner Dissertation zu dem Schluß gekommen ist, diese Automaten hätten eine pathogene Wirkungspotenz und könnten süchtiges Spielverhalten induzieren. Wie hieb- und stichfest ist für Sie Meyers Arbeit?

Haase: Noch merkwürdiger ist eigentlich seine zweite Arbeit von 1988; die ist methodisch noch bedenklicher...

Methodisch bedenklich

Frage: ...lassen Sie uns, bitte, zunächst über seine erste Arbeit sprechen, ohne die seine zweite gar nicht denkbar gewesen wäre.

Haase: Meyer ist besonders erfindungs- und fintenreich, und ihm gebührt in der Tat die zweifelhafte Ehre der Anführerschaft in einem Kreuzzug gegen eine spezifische Sonderform des Glücksspiels, nämlich die Daddelautomaten. Seine Behauptungen über die Gefahren dieses Spiels wären der Erwähnung nicht wert, wenn er nicht Mitstreiter im Glauben gefunden hätte, die seine Denkwürdigkeiten übernom-

Anführer eines Kreuzzuges

men haben und nun landauf, landab verbreiten. Formal betrachtet ist das eine respektable Leistung Meyers, richtig wird seine Argumentation dadurch allerdings nicht. Was in wissenschaftsinternen Kontroversen schnell als belanglos beiseite gelegt würde, weil die Thesen Meyers fast allesamt aus der Luft gegriffen sind, hat im öffentlichen Bewußtsein jedoch nachhaltige Wirkung gezeigt. Es ist schon interessant, daß eine methodisch für die intendierte Beweisführung unzulängliche Dissertation soviel Furore gemacht hat.

Frage: Wie lautet der Kernpunkt Ihrer Kritik an Meyers Dissertation?
Haase: Er vertritt eine These, die sozusagen pharmazeutischer Provenienz ist. Er sieht die Daddelautomaten gleichsam als Gift an, das den Spieler, der sich mit diesen Automaten befaßt, vergiftet. Das ist sicher nicht richtig, aber als Hypothese statthaft. Jede wissenschaftliche Arbeit hat eine Hypothese, die sie dann mit nachvollziehbaren Me thoden zu falsifizieren bzw. umgekehrt wahrscheinlich zu machen versucht. Dieser Nachweis jedoch ist Herrn Meyer nicht einmal an-

Aus der Luft gegriffene Thesen...

...mit öffentlicher Breitenwirkung

Der Automat vergiftet den Spieler...

...eine Hypothese ohne jeden Nachweis

deutungsweise gelungen. Meyer beweist in seiner Dissertation lediglich etwas, das schon lange vor ihm bekannt war, daß es nämlich Menschen gibt, die sich reichlich exzessiv dem Spiel an Geldspielautomaten widmen und dabei sich und andere in Schwierigkeiten bringen. Mehr nicht!

Wissenschaftlich verbrämte Scheinargumente

Der von ihm angeblich erbrachte Beweis, die Automaten würden aufgrund ihrer Struktur pathogen wirken und könnten süchtiges Verhalten evozieren, ist eine reine Behauptung. Mit Wissenschaft hat das wenig zu tun, es sei denn mit propagandistischer Nutzung wissenschaftlich verbrämter Scheinargumente.

Fragen an Anonyme Spieler

Frage: Noch abenteuerlicher als die erste sei die zweite Untersuchung Meyers, sagten Sie.

Haase: In einem aus Bundesmitteln finanzierten Forschungsvorhaben wurden im Jahre 1988 insgesamt 437 Personen befragt, die als exzessive Spieler Selbsthilfegruppen (Anonyme Spieler, eine analoge Einrichtung zu den Anonymen Alkoholikern) zu Therapiezwecken aufgesucht hatten. Dazu muß man wissen, daß die Mitglieder dieser Selbsthilfegruppen eine Art Be-

kenntnis ablegen müssen, um überhaupt aufgenommen zu werden.
Sie verpflichten sich zur inhaltlichen Akzeptanz von zwölf Schritten, die je einzeln und insgesamt nicht mehr und nicht weniger besagen, als daß man sich selbst als krank, hilflos, abhängig usw. definiert. Meyers ganze Tat besteht darin, zu verkünden, daß eine Gruppe ganz im Sinne eines Credos geantwortet hat, auf das sie zuvor eingeschworen worden ist.

Frage: Können Sie das an einem konkreten Beispiel erläutern?
Haase: Im Schritt 1 der Anonymen Spieler wird von den Mitgliedern der Selbsthilfegruppe Zustimmung zu folgender Aussage verlangt: »Wir geben zu, daß wir gegenüber dem Glücksspiel machtlos sind und unser Leben nicht mehr meistern können«. Und nun findet Meyer heraus, daß 86 Prozent der Mitglieder einer solchen Selbsthilfegruppe auf seinem Fragebogen die Aussage »Ich war vom Glücksspiel besessen« mit »Ja« bestätigen.
Meyers Rezept ist so einfach wie durchschaubar: Man nehme eine Gruppe von Personen, die sich selbst für pathologisch, hilflos, gefangen und beherrscht von ihren

Antworten
im Sinne
eines Credos

Abenteuerlich
und abwegig

Leidenschaften erklärt, frage sie, ob dem so sei, erhalte die erwarteten Antworten und verkünde dann dem erstaunten Publikum, genau dieses sei eine neue wissenschaftliche Erkenntnis. Abenteuerlicher und abwegiger geht's wirklich nicht mehr.

Frage: Daß es Spieler gibt, die so intensiv an Daddelautomaten spielen, daß für sie und andere daraus Probleme erwachsen, wird von niemandem bestritten. Haben Sie eine Vorstellung von der Größenordnung des Problems?

Haase: Die Zahl der exzessiven Spieler ist in der Vergangenheit erheblich übertrieben dargestellt worden. Noch heute geistern Zahlen durch die Medien, die objektiv unzutreffend sind. Die erste und bisher einzige seriöse Quelle geht von 12 000 bis 71 000 Vielspielern aus, von denen 3 000 bis 19 000 nach eigenen Angaben subjektiv von ihrem Tun belastet sind. Die Streubreite der Schätzungen ist unerfreulich. Sie resultiert aus der Schwierigkeit, seltene Ereignisse in begrenzten Stichproben präzise statistisch festzumachen.

Frage: Wie richtig ist die Behauptung, die bloße Verfügbarkeit der

---

Durch die Medien geistern falsche Zahlen

Spielgeräte sei Grund oder Ursache exzessiven Spielens?

Haase: Diese Behauptung ist völlig haltlos. In den überschaubaren Zeiträumen der 80er Jahre gibt es keinen erkennbaren Zusammenhang zwischen der Zahl von Spielstätten und in ihnen plazierten Spielgeräten mit der Zahl der Spieler.

Aus den zur Verfügung stehenden Daten ist vielmehr zu entnehmen, daß die Zahl der Vielspieler weder zu- noch abgenommen hat. Die Grundrate der Spieler, die exzessiv spielen, ist sehr wahrscheinlich unabhängig vom Angebot. Eine Verminderung des Angebots oder eine Entschärfung der Spielkonstruktion würde also ohne Einfluß auf die Zahl derer bleiben, die offensichtlich grundsätzliche Probleme ihrer Verhaltenskontrolle bei Zufallsspielen haben.

Anders formuliert: Eine problematische Spielerpersönlichkeit ist man schon vor Eintritt ins Spiel. Es gibt in der Literatur nicht eine einzige Untersuchung, die bewiesen hätte, man werde durch das Spielsystem zum Problemspieler.

Frage: Sie sagen, daß die Zahl der Problemspieler über die letzten rund zehn Jahre konstant geblieben ist;

Haltlose Behauptung

Unabhängig vom Angebot

Nicht das Spielsystem schafft Problemspieler

andere behaupten, die Zahl sei größer geworden und verweisen auf die wachsende Zahl spezifischer Selbsthilfegruppen.

Die Betroffenen kommen aus ihrem Versteck...

Haase: Wenn ein Verhalten tendentiell zu einer Krankheit deklariert wird, wenn Beratung und Selbsthilfe angeboten werden, dann kommen die Betroffenen aus ihrem Versteck heraus, weil man ihnen jetzt eine ganz neue Argumentation anbietet: Sie bezeichnen sich jetzt als krank, als hilflos und schuldlos und pochen auf ihr Recht auf Behandlung. Das ist sicherlich ein positiver Nebeneffekt der ansonsten etwas fragwürdigen Diskussion um die Spielproblematik.

...und wollen behandelt werden

Frage: Es ist die Vermutung geäußert worden, exzessives Spielen diene der Konfliktlösung, allerdings mit untauglichen Methoden. Können Sie dem zustimmen?

Im Exzessivspiel äußert sich eine gestörte Persönlichkeit

Haase: Diese Vermutung geht davon aus, daß nicht die Spiele und das Spielen konflikterzeugend sind, sondern daß sich im Exzessivspiel eine gestörte Persönlichkeit äußert, die nun einmal das Spiel und nicht etwas anderes als Feld der Konfliktbewältigung gewählt hat. Es ist die Person, die ihre Probleme und Konflikte in das Spiel hineinträgt, sie vielleicht im

Spiel vergessen läßt, in jedem Fall mit untauglichen Mitteln an einem untauglichen Objekt zu lösen versucht.

Der Existenzvorwurf, den man Spielanbietern macht, verkehrt in grotesker Weise denkbare Verursachungsverhältnisse. Nicht das Spielen macht krank, sondern es gibt Kranke, die – was immer sie auch tun – krank mit sich und ihrer Umwelt umgehen.

Es gibt natürlich rund um das Spiel bedenkliche Erscheinungen, und ohne Frage mag das Spiel bedenkliche Personen anziehen. Nur gibt es keine Veranlassung zu meinen, jene Bedenklichkeiten seien vom Spiel verursacht. Wer würde behaupten, Nahrungsmittel verursachten die Freßsucht und Fettleibigkeit? Man würde umgekehrt argumentieren und sagen, es gibt den Fresser, das ist sein persönliches Problem.

Nur beim Spiel verkehrt man diese Logik und folgt ihr völlig unreflektiert und ohne den Hauch eines Beweises. Das Spiel wird angeprangert und der eigentliche Verursacher des Problems wird leichthin als Opfer exkulpiert. Dahinter steht ein äußerst fragwürdiges Menschenbild, das den Täter aus der Verantwortung entläßt und ihn zum zwangs-

Das Spielen macht nicht krank

Der Verursacher wird zum Opfer umfunktioniert

läufigen Spielball böser und bösgesinnter Verhältnisse macht.

Frage: Sind exzessive Spieler durch bestimmte Merkmale gekennzeichnet, gibt es eine bestimmte Spielerpersönlichkeit?

Haase: In einer Auszählung häufig wiederkehrender Merkmale bei auffälligen Spielern beobachtet man des öfteren erhöhte Extraversion verbunden mit Risikolust und Sensationssuche, externe Kontrollüberzeugung, gelegentlich auch eine depressive Grundstruktur und einige psychopathische Symptome. Allerdings gibt es auch Vielspieler, die dominant, selbstsicher, rational, abenteuerlustig und intern kontrollüberzeugt sind.

Das Symptom des Spielens kann auf sehr unterschiedlichen Persönlichkeitskonstellationen aufbauen, typische gibt es nicht. Der geborene Spieler ist eine Chimäre. Vielmehr ist anzunehmen, daß viele unterschiedliche Entwicklungsgänge zu dem Phänomen führen, aber auch wieder hinwegführen. Man muß sich daher mit dem Gedanken anfreunden, jede Spielerkarriere als einen höchst individuell bestimmten Entwicklungsgang aufzufassen.

Häufige Merkmale

Den typischen Problemspieler gibt es nicht

Letztlich steht man vor einem Problemfall, dem spezifisch zu helfen ist und der sich nicht über den generalisierten Leisten einer Standardtherapie schlagen läßt.

> Keine Standard-Therapie

Frage: Es ist in Mode gekommen, neben den stoffgebundenen Süchten von stoffungebundenen zu sprechen. Ist nach Ihrem Verständnis der Begriff Spielsucht überhaupt gerechtfertigt?

Haase: Die an bestimmte Stoffe wie Alkohol oder illegale Drogen gebundenen Süchtigen unterscheiden sich zwischen den Substanzen, die sie konsumieren, so erheblich, daß die leichtfertige Übertragung des dort schon ziemlich kontrovers behandelten Suchtbegriffs auf stoffungebundene Süchte äußerst dubios ist. Man operiert mit oberflächlichen Ähnlichkeiten im exzessiven Verhalten und den daraus womöglich resultierenden Konsequenzen. Die Ursachen dieses Verhaltens sind indes hier und dort erheblich unterschiedlich, weshalb die Plakatierung gewissen populären Vorurteilen das Wort redet, in der Sache aber gänzlich abwegig ist und leer bleibt.

> Leichtfertige Übertragung des Suchtbegriffs

Im Prinzip ist es belanglos, wie man etwas benennt. Nur steht zu be-

Hinter exzessivem Spielen steht ein unglücklich konstruiertes Lebensschicksal

fürchten, daß selbst im Kreise des beratenden und therapeutisch tätigen Fachpersonals die Wörter sich verdinglichen. Es wird auf Sucht behandelt, wenngleich in den allermeisten Fällen hinter exzessivem Spielen ein unglücklich konstelliertes Lebensschicksal steht, das von Person zu Person ein ganz unterschiedliches Netzwerk und Gefüge hat.

Man mag meinetwegen exzessives Spielen als krank, pathologisch, neurotisch oder auch als süchtig bezeichnen. Verbieten kann man das nicht, sondern nur hoffen, daß die Verantwortung so weit reicht, auch zu erkennen, daß Wortmarken keine Erkenntnis zum Inhalt haben, sondern Erkenntnisse eher hemmen als fördern und im schlimmsten Fall Stimmungen verbreiten, wo im Interesse der Betroffenen Wissen vonnöten wäre.

Wortmarken ohne Erkenntniswert

Die meisten Spieler hören irgendwann wieder auf

Bei Süchten der klassischen Art nimmt Sucht einen katastrophalen Verlauf; irgendwann ist der Süchtige so geschädigt, daß der point of no return erreicht ist. Bei den Spielern scheint das überwiegend nicht der Fall zu sein. Selbst Vielspieler hören irgendwann mit diesem Verhalten wieder auf. Bei den allermeisten ist es nur eine Extremierung eines Verhaltens über einen bestimmten Zeitraum.

Frage: Ist es nicht erstaunlich, daß in diesem Zusammenhang immer nur von den Spielautomaten mit Gewinnmöglichkeit die Rede ist, nie von den einarmigen Banditen, nie von den Glücksspielen, die in Spielcasinos gespielt werden?

Haase: Das zeigt, daß es sich um eine Art von Evangelisierungskrieg handelt, in dem Glaubensüberzeugungen einen höheren Stellenwert haben als Informationen.

Es geht um Ideologie, nicht um Information

Frage: Wie wichtig wäre Ihnen Abstinenz bei der Behandlung eines Problemspielers?

Haase: Abstinenz ist für mich keine Frage von zentraler Bedeutung, weil ich Problemspielen als Symptom einer zugrundeliegenden Persönlichkeitsstörung verstehe. In der Therapie muß man nach den Ursachen dieser Störung suchen – da diese sehr unterschiedlich sind, muß entsprechend auch die Therapie eine multimodale sein.

Abstinenz ist ohne zentrale Bedeutung

Betrachten Sie beispielsweise die Rauschmittelabhängigkeit der amerikanischen Soldaten, die in Indochina gekämpft haben. Diese Soldaten sind überwiegend spontan geheilt gewesen, als sie wieder in die Heimat zurückkamen.

Frage: Bitte fassen Sie den heutigen Erkenntnisstand zum problematischen Spielverhalten kurz zusammen.

Haase: Unter dem heutigen Informationsstand darf als sehr wahrscheinlich gelten, daß die Spiele und Spielprinzipien problematisches Spielverhalten mit Krankheitswert weder anregen noch festigen oder extremieren. Es darf hingegen als ziemlich sicher gelten, es sei die Persönlichkeit mit allen ihren Hypotheken und Problemen, die mit dem Angebot nicht zurechtkommt. Die Entschärfung des Objekts löst das Problem der Spieler nicht. Worin dieses Problem im einzelnen besteht, ist ganz gewiß nicht mit dem nebulösen Begriff der Sucht zu beantworten.

Es wäre gewiß anzuraten, den Betroffenen zu allen ihren sonstigen Schwierigkeiten die einer zusätzlichen Stigmatisierung zu ersparen. In der Zwischenzeit – solange ernstzunehmende Forschung ausbleibt – ist man so hilflos nicht, wie es scheinen mag. Die Psychologie und Psychiatrie stellen reichhaltige diagnostische und therapeutische

---

Nicht das Spiel schafft Problemspieler

Die Betroffenen nicht noch zusätzlich stigmatisieren

Instrumente zur Verfügung, die es überflüssig machen, dem Problemspieler das nichtssagende und daher überflüssige Label »Sucht« aufzudrücken.

Erwin K. Scheuch

Die Konkurrenz zum Elternhaus ist nicht das kommerzielle Freizeitangebot, sondern die Clique

Erwin K. Scheuch, Köln

Professor Dr. Erwin K. Scheuch ist Leiter des Instituts für Angewandte Sozialforschung der Universität Köln. Er hat sich schon häufiger durch seine fundamentale Kritik an den Parteien und der politischen Kultur in Deutschland hervorgetan. Einer seiner Arbeitsschwerpunkte ist die Jugendforschung.

Frage: Bevor wir zu den von Ihnen konkret zum Automatenspiel erhobenen Daten kommen, lassen Sie uns einige grundsätzliche Fragen anschneiden. Ist es der politisch richtige Weg, Objekte, mit denen Minderheiten einen problematischen Umgang pflegen, durch Verbote oder restriktive Interventionen gleichsam zu entschärfen?

Scheuch: Bevor wir zum Automatenspiel kommen und fragen, ab welcher Größenordnung der Störung des Verhaltens von Minderheiten man von einer für die Öffentlichkeit relevanten Beeinträchtigung oder Gefährdung ausgehen kann, lassen Sie mich auf eine analoge Debatte hinweisen. Ich spreche von der Wirkung des Fernsehens auf Kinder. Es ist erwiesen, daß Kinder weniger fernsehen als alle anderen Altersgruppen. Aber es ist auch erwiesen, daß Kinder, die in schlechten Familienverhältnissen aufwachsen, die von ihren Eltern vernachlässigt werden und ohne Kontaktmöglichkeiten zu Gleichalterigen leben, sehr viel mehr fernsehen als die gleichalterige »normale« Bevölkerungsgruppe. Es gibt eine Minderheit von schätzungsweise 6% Kindern, die entgegen dem für das Kindesalter typischen geringen

Kinder-Fernsehen als analoge Debatte...

Fernsehkonsum exzessiv viel fernsehen. Daraus ergibt sich die Frage, ob man die Fernsehpolitik von dieser Minderheit maßgeblich mitbestimmen lassen soll.

Die gleiche Frage stellt sich bei Automatenspielern, wenn man einmal voraussetzt, daß 1,5 % der Spieler gefährdet sind, Probleme mit dem Spielen zu bekommen.

Frage: Und welche Antwort geben Sie auf diese analogen Fragen?
Scheuch: Zunächst einmal sind Rückfragen angezeigt. Die erste lautet: Kann man Jugendpolitik und Gewerbepolitik oder Fernsehpolitik in erster Linie ausrichten an dem Vermeiden einer Gefährdung für eine Minderheit? Die Antwort ist ein klares »Nein«.

Die zweite Frage bezieht sich auf das, was die Psychiatrie Symptomverschiebung nennt. Hierbei wird davon ausgegangen, daß es stets eine bestimmte Anzahl von Menschen gibt, die suchtanfällig sind. Entzieht man diesen Menschen das Objekt, an dem sich ihre Sucht festmacht, verändert man damit keinesfalls ihre Antriebslage, sondern muß damit rechnen, daß ihre Störung ein anderes Objekt sucht und findet, an dem dann die Sucht festgemacht wird.

...zum problematischen Spielen

Ein klares Nein

Symptome nur verschieben

Frage: Muß demnach die Frage gestellt werden, ob das Suchtmittel kausal verantwortlich für die Sucht ist oder ob das Suchtmittel nur das Mittel für eine andersartige Kausalität ist?

Scheuch: Genau das ist die entscheidende Frage, die wohl auch für sog. leichte Drogen zu stellen ist – wobei unbestritten bleibt, daß es Drogen gibt, die pharmakologisch von einer solchen Potenz sind, daß sie selbst Symptome bewirken. Aber wenn wir von vermeintlichen Suchtmitteln ohne pharmakologische Wirkung reden, beispielsweise von dem merkwürdigen Zeitgenossen, der sich in einem abgedunkelten Zimmer einschließt und exzessiv Horror-Comics liest, dann gibt es nur eine einzige Sicht der Dinge: Dieser Zeitgenosse ist weder durch das abgedunkelte Zimmer noch durch die Horror-Comics merkwürdig geworden, er ist vielmehr von seinem Grundmuster her merkwürdig, was sich im konkreten Fall mehr oder weniger zufällig an dem beschriebenen Verhalten zeigt. Nicht das vermeintliche Suchtmittel bewirkt die Merkwürdigkeit, sondern die Merkwürdigkeit bewirkt das auffällige Verhalten.

Kausal verantwortlich?

Die Merkwürdigkeit bewirkt das auffällige Verhalten

Mit den Augen des Nutzers

Frage: Kann man also sagen, daß die öffentliche Diskussion um die vielbeschworene Spielsucht und so manche wissenschaftliche Untersuchung zu dieser Thematik dem berühmten Pferd gleichen, das von hinten aufgezäumt wird?

Scheuch: So ist es! Wenn die sog. Spielsucht diskutiert und untersucht wird, dann wird leider oft unausgesprochen eine Stimulus-Response-Theorie übernommen und dabei unterstellt, daß sich ein Angebot seine Nachfrage schafft. Dagegen lehrt die Wirkungsforschung seit Mitte der 70er Jahre, daß auch in der Freizeitforschung ein Angebot aus der Sicht des Nutzers zu prüfen ist und nicht aus der Sicht des Anbieters. Man darf sich einer Thematik nicht vom Angebot, sondern man muß sich ihm vom Konsumenten her nähern.

Kölner Studie

Frage: Das haben Sie in Ihrer eigenen Untersuchung zum Freizeitverhalten von Jugendlichen in Köln getan. Sie haben dabei 14- bis 17jährige untersucht – eine Altersgruppe also, die aufgrund der Jugendschutzbestimmungen noch gar nicht an Spielautomaten spielen darf, solange diese in Spielhallen stehen. Warum gerade diese Altersgruppe?

Scheuch: In unserem Verständnis ist der Jugendliche im Gegensatz zu dem Bild, von dem der Jugendschutz so gern ausgeht, kein hochgradig schutzbedürftiges Einzelwesen. Wir gehen davon aus, daß Jugend ein Eigenbereich mit unscharfen Grenzen ist. Damit ist Jugend ein Lebensabschnitt, in dem Grenzen getestet werden, insbesondere mit Verboten verbundene Altersgrenzen für bestimmtes Verhalten. Was wir untersucht haben, ist also nicht Marktforschung für die Träger von Jugendarbeit. Uns ging es darum, die Lebenswelt der Jugend aus der Sicht der Jugendlichen einschließlich der Grenzen und der Grenzübertretungen darzustellen.

Junge Leute testen ihre Grenzen

Frage: Wenn wir richtig informiert sind, war eine andere Kölner Jugendstudie der Auslöser für Ihre eigene Untersuchung.
Scheuch: Eine 1990 vom Amt für Statistik und Einwohnerwesen der Stadt Köln im Auftrag des Jugendwohlfahrtausschusses vorgelegte Untersuchung wurde so interpretiert, daß das Automatenspiel und der Besuch von Spielhallen ein wichtiger Bestandteil der Freizeit von Jugendlichen sei. Besonderes Aufsehen erregte bei der Zusam-

Eine dramatisch klingende Aussage

menfassung der ersten vorgelegten Ergebnisse der Stadt Köln, daß 22% der Jugendlichen in Spielhallen gehen sollten. Diese Aussage hörte sich dramatisch an und schien Befürchtungen einer wachsenden Spielsucht unter Jugendlichen zu bestätigen.

Wieviel Geld wofür?

In unserer eigenen Untersuchung wurden der Besuch von Spielhallen und die Benutzung von Spielautomaten eingebettet in Fragen nach sonstigen Verhaltensweisen mit Relevanz für den Jugendschutz. Zentraler Bezug war in diesem Zusammenhang, wieviel Geld für Freizeitzwecke den Jugendlichen zur Verfügung steht und wofür es ausgegeben wird.

Frage: Bitte erläutern Sie noch einmal, warum Sie lediglich die 14- bis 17jährigen untersucht haben.

Jugend im Spannungsfeld

Scheuch: In unserer Kultur erfolgt ein wichtiger Schritt in das Erwachsenenleben mit 18 Jahren. Uns ging es darum, die noch nicht Volljährigen zu befragen, unter anderem auch hinsichtlich ihrer Neigung, auf die Privilegien bzw. Rechte der Volljährigen zeitlich vorgreifen zu wollen. Nachdem in Jugenduntersuchungen vielfach Jugend zu einseitig als eigener Lebensraum betont wird, legten wir Wert auf den besonderen Charakter der Jugend als Lebensabschnitt, der gekennzeichnet ist von der Spannung zwischen Jugend als Eigenbereich und dem Wunsch nach Übergang ins Erwachsenenalter.

Wenn es so etwas wie Spielsucht oder problematisches Spielen gibt, dann müßte sich ein entsprechender Trend auch schon in der Altergruppe zeigen, die noch unter den Fittichen des Jugendschutzes lebt – denken Sie etwa an das immer jünger werdende Einstiegsalter der Alkohol- oder Drogenabhängigen. Heute beginnen viele Jugendliche ihre Sexualerfahrungen mit 13 oder 14 Jahren.

Frage: Noch vor wenigen Jahrzehnten war Jugend in der von Ihnen untersuchten Altersgruppe durchweg die Phase der Berufsausbildung und teilweise auch schon die Phase der ersten Berufsausübung. Ist das heutzutage noch immer so?

Scheuch: Heute ist Jugend die Zeit der Bildung. Von den von uns befragten Jugendlichen gingen 92% noch zur Schule – selbst bei den 17jährigen waren es noch 81%. Bildung bedeutet – zumindest in einer

Es müßte einen Trend geben

Die Phase der Weiterbildung

Großstadt – heute vorwiegend weiterführende Bildung. Nur eine kleine Minderheit der Befragten besucht die Hauptschule, fast zwei Drittel sind Gymnasiasten – selbst unter den Ausländern ist jeder zweite Gymnasiast.

Stunden der Freizeit

Frage: Über wieviel Freizeit verfügen die von Ihnen untersuchten Jugendlichen? Und wieviel Geld können sie dafür ausgeben?
Scheuch: An Werktagen sind es täglich etwa fünf Stunden, an Samstagen und Sonntagen verdoppelt sich die frei verfügbare Zeit.

Finanziell abhängig

Mit der verlängerten Bildungsphase heutiger Jugendlicher korreliert, daß die überwiegende Mehrheit der 14- bis 17jährigen abhängig vom Taschengeld ihrer Eltern ist, eigener Verdienst ist in diesem Alter von untergeordneter Bedeutung.

Keine hohen Summen

Hoch sind die Summen nicht, über die Jugendliche verfügen. Nur 24 % der Befragten bekommen monatlich mehr als DM 200,-. Allerdings sind die monatlich verfügbaren Geldbeträge nur als Mittel für laufende Ausgaben zu werten, außergewöhnliche Aufwendungen wie die Anschaffung von Kleidung werden durch außergewöhnliche Zuwendungen gedeckt.

Frage: Und wofür geben die Jugendlichen das ihnen zur Verfügung stehende Geld aus?

Scheuch: Jugendliche gehen ausgesprochen gern ins Kino. Die zentralsten Teile der Jugendkultur jedoch sind das private Hören von Musik sowie die Geselligkeit in Discos, Cafes oder Kneipen. Dies sind die drei Bereiche, für die Jugendliche das meiste Geld im Monat ausgeben.

Kino, Musik und Geselligkeit

Es ist eine Jugend herangewachsen, die kontaktfreudiger ist als es junge Menschen in den letzten Jahrzehnten waren. Im Jahre 1953 verbrachten 36 % der 15- bis 24jährigen ihre Freizeit in einem Freundeskreis bzw. einer Clique, Anfang der 80er Jahre waren es 55 %. Von den von uns befragten Jugendlichen gaben 73 % an, einer Clique anzugehören, »die möglichst viel zusammen ist und zusammen unternimmt«; nur 27 % verneinten das.

Eine kontaktfreudige Jugend

Die Jugend ist anders als die Stereotype über sie. Nach dem Fernsehen – von geringerer Dauer als bei Erwachsenen – sind von großer Bedeutung der aktive Sport sowie das Cafe und die Kneipe, die als Orte der Geselligkeit zu deuten sind. Spielautomaten und insbesondere Spielhallen sind von völlig untergeordneter Bedeutung.

Die Stereotype stimmt nicht

Breite Fächerung der Interessen

Frage: Gibt es so etwas wie eine Hitliste der Freizeitaktivitäten?

Scheuch: Wird die Häufigkeit verschiedener Freizeitbeschäftigungen einzeln abgefragt, ergibt sich eine breite Fächerung der Interessen der Jugendlichen. Eindeutige Schwerpunkte in der Freizeit sind das passive Fernsehen ebenso wie das aktive sportliche Handeln. Mit deutlichem Abstand folgen die kommerziellen Angebote. Von eher geringer Bedeutung ist das Schauen von Videofilmen: Nur 15% sehen mehrmals in der Woche Videos, 43% wenigstens einmal im Monat. Noch niedriger als der Videokonsum ist das Nutzen von Computerspielen (22 % mehrmals wöchentlich, 18 % wenigstens einmal im Monat) und von Spielautomaten (7 % mehrmals wöchentlich, 17% wenigstens einmal im Monat).

Gefragt ist das Kino

Auch ins Kino gehen nur 5 % der Jugendlichen wenigstens einmal in der Woche, allerdings steht für nahezu drei Viertel der Jugendlichen ein Kinobesuch mindestens einmal monatlich auf dem Programm, der statt eines isolierten Ansehens von Filmen das Gemeinschaftserlebnis in der Gruppe erlaubt. Ein solcher Kinobesuch steht pro Monat doppelt so häufig auf dem Programm wie Computerspiele oder das Automatenspiel. Spielhallen sind für unsere Befragten überwiegend völlig uninteressant.

Frage: Wenn wir richtig informiert sind, haben Sie der Ihrer eigenen Untersuchung vorausgegangenen Jugendstudie der Stadt Köln Einseitigkeit vorgeworfen. Was konkret haben Sie kritisiert?

Scheuch: Eine kulturkritische Abwertung kommerzieller Angebote ist aus der Sicht des Jugendlichen unverständlich und objektiv Ausdruck eines zu engen Interessenstandpunktes. Schließlich ist die mit öffentlichen Geldern finanzierte Jugendhilfe in der Praxis größtenteils ein Beschäftigungsprogramm für Sozialberufe. Entsprechend hatten wir in einer Stellungnahme zur Jugendstudie der Stadt Köln die Einseitigkeiten bei der Befragung der Jugendlichen unter häufig negativen Fragestellungen kritisiert. Diese Einseitigkeit korrespondiert mit der Einschätzung sogenannter Kulturkritiker, die beispielsweise als Auswuchs eines vermehrten Angebots von Fernsehprogrammen eine narkotisierte, passive Jugend vorausgesagt hatten.

Tatsächlich jedoch hat sich die Ju-

Kulturkritik mit negativen Fragen

Passive Jugend?

Sportliche Aktivitäten belegen das Gegenteil

Pessimistische Prognosen waren oft falsch

gend anders entwickelt. Entgegen den kulturkritischen (besser kulturpessimistischen) Erwartungen sind die Jugendlichen heute aktiver und betonen stärker die eigenen Entfaltungsmöglichkeiten. Der hohe Prozentsatz sportlich aktiver Jugendlicher ist ein Ausdruck dieser Veränderungen. 1954 trieb etwa jeder zweite der 14- bis 17jährigen Sport, 30 Jahre später waren bereits drei Viertel sportlich aktiv, nach unserer eigenen Erhebung ist heute nur noch eine kleine Minderheit sportlich völlig inaktiv.

Frage: Technik übt auf die Jugend eine besondere Faszination aus. Und intensive Beschäftigung mit Technik – so ist immer wieder zu hören – führt zur Isolation, zur Vereinsamung, zur sozialen Verarmung. Gibt Ihre Untersuchung Antworten zu diesem Komplex?

Scheuch: Beinahe jede technische Erfindung und Erneuerung – insbesondere die Massenmedien Film, Radio und Fernsehen – waren anfangs von pessimistischen Prognosen begleitet, die sich vielfach sehr schnell als falsch erwiesen. Und so war denn im Zusammenhang mit Computern und Spielautomaten häufig zu hören, die wachsende Beschäftigung mit diesen technischen Freizeitangeboten würde zu schrumpfendem Interesse und einer nachlassenden Teilnahme an den sozialen und politischen Prozessen der Gesellschaft führen.

Wenn man Untersuchungen zu dieser Thematik betrachtet, dann ist als allgemeiner Trend bei Meinungsumfragen zu beobachten, daß die Beurteilung eines abstrakten oder allgemein gehaltenen Tatbestandes in der Regel negativer ausfällt als das, was der Befragte aus eigener Anschauung beurteilen kann.

Unterschiedliche Beurteilung

Die wenigen empirischen Untersuchungen über Spielverhalten belegen sehr deutlich, daß Jugendliche, die häufig Computer nutzen, in der Regel andere Freizeitaktivitäten kaum vernachlässigen. Jugendliche Computerfans unterscheiden sich in vielen Dingen nicht von anderen Jugendlichen und sind erst recht keine Zombies, wie vielfach von Erwachsenen befürchtet wird. Wir haben zahlreiche Befunde erhoben, die darauf schließen lassen, daß die ausgesprochenen Liebhaber von Computern besonders aufgeschlossen sind für vielfältige weitere Freizeitbeschäftigungen.

Computerfans sind keine Zombies

Wenig geschätzte Geldspielautomaten

Frage: Gilt das auch für Jugendliche, die öfter mal an Spielautomaten spielen?

Scheuch: Die beliebtesten Automatenspiele sind Actionspiele, wobei Automaten bevorzugt werden, die von mehreren Gleichaltrigen gemeinsam genutzt werden können. Unterhaltungsspielgeräte mit Geldgewinnmöglichkeit haben 17% der von uns befragten Jugendlichen schon einmal genutzt, in der Beliebtheitsskala aller Spielautomaten rangiert dieser Gerätetyp jedoch auf dem absolut letzten Rang. Wenn wir zwischen regelmäßigen und gelegentlichen Benutzern von Spielautomaten unterscheiden, dann schätzen ausgerechnet die Häufigspieler die Geldspielautomaten noch viel weniger als der Durchschnitt der Befragten.

Frage: Wie interpretieren Sie diese Tatsache im Zusammenhang mit der Spielsucht-Diskussion?

Unvereinbare Befunde

Scheuch: Die von uns erhobenen Befunde sind mit der Suchtbehauptung völlig unvereinbar.

Frage: Wo spielen die Jugendlichen, die gelegentlich oder mit einer gewissen Regelmäßigkeit am Automaten spielen?

Scheuch: Gelegentliche Spieler bevorzugen Cafes, Kneipen, Imbißstuben und Trinkhallen, während Spielhallen praktisch gar nicht genannt werden. Die Jugendlichen, die gelegentlich am Automaten spielen, spielen nur nebenbei, im Vordergrund steht für sie die Begegnung mit anderen Jugendlichen.

Selbst für die (insgesamt sehr wenigen) regelmäßigen Automatenspieler unter den von uns befragten Jugendlichen ist die Spielhalle von untergeordneter Bedeutung.

Frage: Können Sie etwas über die Motivation aussagen, die Jugendliche zum Automatenspiel bringt?

Scheuch: Eine indirekte Aussage ist möglich. Die regelmäßigen Nutzer von Spielautomaten haben am Wochenende unterdurchnittlich wenig freie Zeit. Gelegentliche Nutzer von Spielautomaten verfügen dagegen sonntags sogar über doppelt soviel Freizeit wie regelmäßige Nutzer. Langeweile oder unausgefüllte Freizeit dürften demnach nicht der Grund sein, sich Spielautomaten zuzuwenden. Für diese Vermutung sprechen auch andere Befunde.

Weit häufiger als der Durchschnitt gehen regelmäßige Spieler einmal wöchentlich ins Kino und bevorzu-

Der Automat steht nicht im Vordergrund

Nur wenige spielen regelmäßig

Langeweile ist nicht der Grund

Spielen, Kino und Sport

gen dann Actionfilme. Auch treiben sie häufiger selbst aktiv Sport als der Durchschnitt und haben mehr Interesse an kommerziellen Sportveranstaltungen, während ihr Interesse an Theateraufführungen und klassischen Konzerten weniger ausgeprägt ist.

Frage: Inwieweit unterscheiden sich Automatenspieler hinsichtlich ihres Bildungsstandes vom Durchschnitt?

Niedriges Bildungsniveau als ein Faktor

Scheuch: Automatenspieler sind – das läßt sich generell sagen – keineswegs passive Jugendliche. Im Gegenteil. Aber das Profil ihrer Freizeitaktivitäten wird in der Tat durch ihren geringeren Bildungsstand beeinflußt. Dabei muß aber, um einer falschen Kausalitäts-Behauptung von vornherein den Boden zu entziehen, eines betont werden: In das durch das Bildungsniveau geprägte Profil der Freizeitinteressen fügt sich das Automatenspiel ein, ist Folge anderer Faktoren und keineswegs selbst Bestimmungsfaktor.

Akademische Verstiegenheiten

Hier gibt es eine gewisse Analogie zu einer Beobachtung, die ich bei einer anderen Untersuchung gemacht habe. Der Anteil derjenigen, die abergläubisch sind, ist in allen

Bildungsschichten mit etwa 15% ziemlich identisch. Die Art des Aberglaubens ist dagegen bildungsabhängig. Wenn es Sie interessiert: Telepathie und Geistheilen sind die typischen Verstiegenheiten der Akademiker.

Allgemein ausgedrückt: Die Bildung beeinflußt nicht die Häufigkeit der Aktivitäten, das Interesse, das anderen Menschen entgegengebracht wird oder was immer Sie wollen – sie beeinflußt allerdings die Formen, in denen sich das ausdrückt.

> Aktivitätsformen sind bildungsabhängig

Frage: Lassen Sie uns noch einmal zu der schon am Anfang unseres Gesprächs diskutierten Frage zurückkommen, wie der Lebensabschnitt Jugend zu beschreiben ist. Können wir von einer eigenständigen Jugendkultur sprechen, die aus der Sicht der Erwachsenen als krisenhaft zu verstehen ist?

Scheuch: Noch zu Beginn der 60er Jahre hat Tenbruck prognostiziert, Jugendliche würden sich verstärkt als eine aus der Gesellschaft ausgegliederte Gruppe verstehen, die zunehmend Distanz zur Erwachsenenwelt halte. Dies würde zu einer sich verschärfenden Krise im Jugendalter führen.

> Von der vorprogrammierten Krise...

...zur problemlosen Eingliederung

Schelsky dagegen meinte, eine sozial eigenständige Verhaltensphase der Jugendlichen würde es deshalb längerfristig nicht geben, weil sich Jugendliche im Grunde problemlos in die Welt der Erwachsenen integrierten. Ich selbst habe ähnlich wie Schelsky argumentiert, daß die Zerklüftungen der Erwachsenenwelt auch in die Jugend hineinreichen und dort Trennungslinien bilden, z. B. zwischen verschiedenen Bildungsniveaus.

Akzeptanz von Vorschriften auf dem Prüfstand

Mit unserer hier besprochenen Untersuchung wollten wir das Verhalten von Jugendlichen auch darauf hin überprüfen, wieweit sie sich einerseits als Teil einer Noch-Kindheit und andererseits bereits als Teil einer vorweggenommenen Erwachsenenwelt fühlen. Zu diesem Untersuchungsansatz gehört eine Prüfung, wieweit die Bereitschaft bei Jugendlichen generell ausgeprägt ist, die Vorschriften innerlich zu akzeptieren, die ihnen aufgrund ihres Alters den Zutritt zu bestimmten Bereichen verwehren.

Frage: Vermutlich halten die Jugendlichen wenig vom Jugendschutz. Ist es so?
Scheuch: Ganz im Gegenteil! Es ist nur eine kleine Minderheit von 8 %,

die Altersgrenzen nach dem Jugendschutz allgemein ablehnt. Für die Festlegung solcher Grenzen sind 86% der befragten Jugendlichen, allerdings wollen 44 % selbst darüber mit entscheiden, wie sie sich wann verhalten. Überraschenderweise werden Einschränkungen von Mädchen erheblich häufiger abgelehnt als von Jungen.

Neben dieser abstrakten Frage nach der Beurteilung des Jugendschutzes fragten wir nach der Respektierung von Altersgrenzen für konkrete Verbote: Kinobesuch und Kneipenbesuch. Hier war die Bereitschaft, solche Altersgrenzen zu respektieren, wesentlich geringer. Beim Kino sind es 80 % der unter 16jährigen, die eine entsprechende Altersgrenze »überhaupt nicht« oder nur »meistens« beachten. Was den Kneipenbesuch betrifft, so gaben nur 30 % der über 16jährigen im Rückblick an, diese Altersgrenze immer respektiert zu haben.

Frage: Was bedeutet diese ambivalente Haltung im Zusammenhang mit unserem Thema des Automatenspiels?
Scheuch: Die Ambivalenz gegenüber gesetzlichen und gesellschaftlich gesetzten Beschränkungen des

> Mädchen fühlen sich häufiger eingeengt

> Altersgrenzen für konkrete Verbote werden selten respektiert

Auf der Suche nach der eigenen Identität

Spielhallen sind kaum ein Thema

Weder dämonisch noch in die Sucht führend

gewünschten Freiraumes ist nicht überraschend. Jugendliche sind bekanntlich in diesem Alter auf der Suche nach ihrer eigenen Identität. Offensichtlich gehört zu diesem Herantasten an die Welt der Erwachsenen auch der Blick in Bereiche, die der Gesetzgeber für jugendgefährdend ansieht.

Angesichts der von uns ermittelten hohen Bereitschaft, die gesetzten Grenzen in konkreten Situationen fallweise zu überschreiten, ist es eigentlich verwunderlich, wie selten Spielhallen von Minderjährigen aufgesucht werden. Das läßt nur den Schluß zu, daß Spielhallen noch viel weniger als die ohnehin nur eine untergeordnete Rolle spielenden Spielautomaten zur heutigen Jugendkultur gehören.

Frage: Nun schreibt aber der Bremer Psychologe Meyer, der die ganze Spielsucht-Diskussion seinerzeit in Gang gebracht hat, den Daddelautomaten dämonische Kräfte zu...

Scheuch: ...diese dämonischen und gleichsam psychopharmakologisch zur Sucht führenden Kräfte haben diese Automaten schlicht und einfach nicht.

Ich sagte Ihnen schon zu Beginn unseres Gesprächs, daß wir in der Freizeitforschung Wirkungen nicht vom Angebot her untersuchen dürfen, sondern uns dem Thema von der Seite des Konsumenten her nähern müssen. Wir müssen also fragen, ob und wie ein Angebot in das Leben des Jugendlichen paßt. Und dazu müssen wir wissen, wie der Jugendliche lebt. Der normale Jugendliche lebt in einer Clique, die es mit ihrem breiten Aktivitätenspektrum nicht zuläßt, daß sich einzelne irgendeiner Sache mit größerer Intensität auf Kosten eines breiten Verhaltensspektrums widmen.

Die Konkurrenz zum Elternhaus oder zum gesellschaftlich erwünschten Vehalten sind nicht die kommerziellen Freizeitangebote, die wahre Konkurrenz ist die Clique, die das Leben der jungen Menschen so lange bestimmt, bis sie irgendwann durch eine Paarbeziehung abgelöst wird.

Der wahre Konkurrent ist die Clique

Hellmuth Benesch

Spielen bereichert das Leben auch von Kranken

Hellmuth
Benesch, Mainz

Professor Dr. Hellmuth Benesch, seit kurzem emeritiert, war als Professor für Klinische Psychologie an der Universität Mainz gleichzeitig mehrere Jahre Dekan der Hochschule. Der gebürtige Böhme hat Psychologie, Physiologie, Philosophie, Germanistik und Geschichte studiert und versteht sich selbst als Neuropsychologen. Publiziert hat er mehr als 20 Fachbücher und ein Standard-Lexikon.

Frage: Ist das Spielen ein fester Bestandteil unseres Lebens oder ist eine Zukunft ohne Spielen denkbar?

Benesch: In unserer verplanten Welt, in der schon Vorschulkinder nach Stundenplänen leben müssen, hat es das Spielen ganz gewiß nicht leicht, aber es wird nicht aus unserem Leben verschwinden, dazu ist es viel zu fest in die Grundlagen des menschlichen Bedürfnissystems eingebaut. Allerdings hat sich das Spielen bei uns dem gesellschaftlichen Wandel angepaßt: In den Industrieländern – im Gegensatz zur südlichen Landbevölkerung und den Entwicklungsländern – hat sich das Spiel sowohl für Kinder als auch für Erwachsene instrumentalisiert; man spielt heute mit und an Instrumenten.

Spielen ist ein menschliches Grundbedürfnis

Frage: Wie sind Sie als Wissenschaftler und Klinischer Psychologe mit dem Spielen in Kontakt gekommen?

Benesch: Das Spielen ist über lange Jahre Gegenstand meiner Forschungsarbeit gewesen. Anfang der 70er Jahre bemerkte ich als Besucher einer Landesklinik in der Pfalz erstaunt, daß auf mehreren Stationen Spiel- und Unterhaltungsauto-

Heilsame Geräte

maten aufgestellt waren. Die Geräte wurden vom Personal als sehr heilsam angesehen, weil sie den vielfach arg gelangweilten Patienten neue Lebensregungen entlockten. Schon wenige Monate später konnten wir diesen Eindruck des Pflegepersonals mit wissenschaftlichen Methoden statistisch erhärten.

Forschung über 20 Jahre

Aus diesem Anfang ist in fast 20jähriger Arbeit ein vielschichtiges Forschungsprogramm geworden, das sowohl in explorativer als auch in experimenteller Form das Phänomen des Automatenspiels bei gesunden und kranken Menschen in den verschiedensten Themenbereichen behandelt.

Frage: Ist das Spielen am Automaten eine Beschäftigung, die den Spieler sozial isoliert?

Kein Autismus durch Spielen

Benesch: Die sozialen Aspekte des Spielens haben sich als ganz wichtiger Punkt herausgestellt. Das vielerorts verkündete Urteil, Automatenspiele würden den Spieler in die Isolation treiben, ist ein reines Vorurteil. Das genaue Gegenteil ist der Fall. Unbestritten ist zwar, daß autistische – also kontaktunfähige und in sich gekehrte – Jugendliche durch das Automatenspiel nicht sozialer werden; daraus aber eine

Kausalität in dem Sinne ableiten zu wollen, Automatenspiel bedinge Autismus, ist nicht richtig – auch wenn es immer wieder behauptet wird.

Frage: Gehört Spielen zum Leben des normalen und gesunden Erwachsenen oder ist Spielen eine nur für Kinder typische Betätigung?

Benesch: Kindheit und Spielen – darüber gibt es keine zwei Meinungen – gehören fest zusammen. Ein Kind, das nicht spielt, ist krank. Wie die Entwicklung vom Kind zum Erwachsenen zu beschreiben ist, darüber gibt es mehrere konkurrierende Theorien. Ich selbst gehöre zu den Anhängern und Verfechtern der Differenzierungstheorie. Sie besagt, daß der Säugling aufgrund genetischer Bedingungen in angenehm und unangenehm differenziert. Beim Erwachsenen dagegen ist die Ausdifferenzierung nicht nur genetisch bedingt, sondern auch lernabhängig und außerdem geistig bedingt.

Frage: Was heißt das konkret für das Thema Spielen?

Benesch: Die Erwachsenen haben unterschiedliche geistige Ansprüche und jede Menge Vorurteile. In unse-

Von der angenehmen Beschäftigung...

...zur differenzierten

Ansprüche und Vorurteile

rer preußisch-evangelischen Weltanschauung ist Spielen dem Müßiggang zugeordnet und damit verwerflich. Der erste prominente Zeitgenosse, der mit diesen überkommenen Traditionen öffentlich gebrochen hat, war Adenauer mit seinem Boccia-Spiel. Das war eine Wende, die das Spielen der Erwachsenen aus dem Abseits der Heimlichkeit herausgeholt und wieder gesellschaftsfähig gemacht hat. Heute stehen wir wieder mitten in einer Wende.

Frage: Wodurch ist sie charakterisiert?

Benesch: Die industrielle Arbeit ist eine zeitlich begrenzte Episode – sie war früher nicht die Norm und sie wird es in Zukunft nicht sein. Arbeit wird in absehbarer Zukunft die Tätigkeit von Privilegierten sein. Die Arbeit kommt uns heute zunehmend abhanden und ist schon heute nicht mehr der einzige Sinn des Lebens. Wir sind mitten drin in dem Kampf um eine neue Definition der Sinnhaftigkeit des Lebens.

Die vielen Alkoholiker, Drogenabhängigen, Autoraser usw. sind Ausdruck verzweifelter Versuche von Individuen, Sinn in ihr scheinbar sinnloses Leben zu bringen, nach-

Arbeit als Privileg

Auf der Suche nach dem Sinn des Lebens

dem die Arbeit als selbstverständlicher Sinnlieferant nicht mehr in ausreichendem Maße zur Verfügung steht.

Frage: Eine der Meßlatten unserer Arbeitswelt differenziert in Erfolg und Mißerfolg. Ist es beim Spiel nicht ganz ähnlich – und zwar sowohl bei den durch Kompetenz als auch bei den stärker durch Glück bestimmten Spielen?

Benesch: Zum Thema Glücksspiel kann ich Ihnen von einer interessanten eigenen Untersuchung berichten. Wir haben bei dem sehr beliebten Flipper-Spiel den Zufalls- oder Glücks-Anteil herausgefiltert, so daß das Spielgerät nach unseren ausgeklügelten technischen Manipulationen ein reiner Leistungsmesser wurde. Wird an diesem Gerät gespielt, läßt sich regelmäßig anfangs ein Leistungsgewinn dokumentieren, der sich als Trainingseffekt erklären läßt. Aber schon nach kurzer Zeit wird der seiner Glückskomponente beraubte Flipper für die Spieler langweilig, was dann prompt die Leistungskurve absinken läßt.

Das Glücksspiel hat Erfolge und Mißerfolge nötig. Es läßt sich genau ausrechnen, wie oft in dieser Mischung aus Erfolg und Mißerfolg

Ohne Glückskomponente kommt die Langeweile

Leistung muß belohnt werden

eine erbrachte Leistung belohnt werden muß, damit ein Hochgefühl auch wirklich hoch bleibt. Diese Berechnungen legen die Lottogesellschaften und die Spielgerätehersteller ebenso zugrunde wie die Dompteure in der Tierdressur. In der klinischen Verhaltenstherapie nennt man das variable Intervallverstärkung.

Frage: Wo ist im Zusammenhang mit dem Spielen die Grenze zwischen normal-akzeptabel-positiv und problematisch?

Problematisch für das Individuum...

Benesch: Wenn ein bestimmtes exzessives Verhalten – ob es sich nun um Spielen, Kaufen, Putzen oder was auch immer handelt – das Individuum isoliert und aus einer vorhandenen Integration ausgrenzt, dann ist das problematisch für dieses Individuum – und zwar sehr viel problematischer für das Individuum als für die Gesellschaft. Wenn ein bestimmtes Verhalten, durchaus auch ein exzessives Verhalten, integraler Bestandteil einer ganzen Palette von Aktivitäten ist, dann ist das überhaupt nicht problematisch, sondern völlig normal und begrüßenswert.

...oder begrüßenswert

Wer es sich leisten kann und Spaß daran hat, regelmäßig für eine bestimmte Zeit in die Spielhalle zu gehen, um dann anschließend im Rahmen seiner sozialen Kontakte etwas anderes zu tun, ist wahrscheinlich ein glücklicherer Mensch als derjenige, der die gleiche Zeit, die unser Mann am Spielautomaten steht, passiv vor dem Fernseher verbringt. Denn unser Spieler ist in einem bestimmten Umfang aktiv, er betätigt und bestätigt sich.

Frage: Haben Sie einmal untersucht, wie sich Spielen auf die Befindlichkeit der Menschen auswirkt?

Benesch: Das ist eine sehr interessante Frage, denn die psychische Befindlichkeit ist ein wichtiger Indikator für die Depressionsneigung. Wir haben eine solche Untersuchung an 218 Versuchspersonen und einer Kontrollgruppe von 218 Probanden vorgenommen. Ermittelt haben wir dabei die emotionalen Veränderungen während eines Untersuchungszeitraumes von etwa zweieinhalb Stunden hinsichtlich der Affektlage (erregt-bedrückt) und der Stimmungslage (heiter-traurig). Die Versuchsgruppe erhielt die Möglichkeit, etwa zwei Stunden an Spielautomaten zu spielen. Danach mußte ein Testbogen ausgefüllt werden. Die Kontrollgruppe

Affektlage und Stimmungslage im Test

blieb ohne Spielmöglichkeit, die Probanden waren also zwei Stunden lang sich selbst überlassen, ehe sie den Testbogen erhielten, der von beiden Gruppen auch schon zu Beginn des Untersuchungszeitraumes auszufüllen war.

Frage: Wie sah der Testbogen aus?
Benesch: Versuchs- und Kontrollpersonen erhielten eine Art Fieberskala, in die sie ihre Befindlichkeit je zu Beginn und zum Ende des Untersuchungszeitraumes zwischen »sehr gut« und »sehr schlecht« in fließender Form einzeichnen konnten.

Frage: Welche Ergebnisse erbrachte die Untersuchung?
Benesch: Für die Versuchsgruppe ergab sich zwischen den beiden Meßzeitpunkten eine statistisch signifikante Verbesserung der Befindlichkeit um 37%, während sich die Befindlichkeit der Kontrollgruppe bei relativ gleicher Ausgangslage um 4 % verschlechterte.

Das stärkste Ergebnis erhielten wir für die Skala »Zusammenhalt, Gemeinschaftsgefühl«: Bei der Versuchsgruppe mit Spielintervall wurde die soziale Disposition von den Teilnehmern um 44 % gebessert

---

Marginalien:

Fieberskala zur Befindlichkeit...

...steigt beim Spiel

Spielen fördert das soziale Klima

geschildert, während die Vergleichsgruppe ohne Spielintervall eine Verschlechterung des Sozialklimas um 17 % beschrieb.

Die Skala »Zufriedenheit mit sich selbst« weist für die Versuchsgruppe eine Besserung um 17 % auf, dagegen gab es hier für die Kontrollgruppe ohne Spielmöglichkeit einen Absturz von 26 %.

Im übrigen bestätigen diese Ergebnisse eine unserer früheren Untersuchungen, wonach der Genesungswille von Kranken durch Spiele gegenüber einer Kontrollgruppe signifikant gesteigert wurde.

Starker Einfluß auf die Zufriedenheit

Frage: Das ist ein sehr gut passendes Stichwort. Läßt sich das Automatenspiel als Therapeutikum einsetzen?

Benesch: Sie haben sich gut auf unser Gespräch vorbereitet, denn das ist in der Tat einer unserer Forschungsschwerpunkte. Ich will Sie jetzt nicht mit der Beschreibung unserer Untersuchungsmethoden langweilen, die im übrigen in zahlreichen Publikationen nachzulesen sind, sondern mich auf die wesentlichen Ergebnisse konzentrieren: Das Automatenspiel (in unserem konkreten Untersuchungsfall ein verlangsamtes Tetris-Spiel) und der

Automatenspiel als Therapeutikum bei Dementen

von ihm ausgehende Trainingseffekt beeinflussen den Krankheitsverlauf bei Alterspatienten mit seniler oder präseniler Demenz günstig. Darüber hinaus verstärkt die positive Veränderung des Selbstvertrauens die Widerstandskräfte gegen den dementiellen Abbau.

Frage: Lassen sich Spielautomaten in den stationären Alltag der Betreuung psychiatrischer Patienten einbauen?

Benesch: Wir haben die Befindlichkeit von gehfähigen Patienten mit unterschiedlichen Erkrankungen vor und nach einer zweiwöchigen Spielmöglichkeit geprüft und mit einer Kontrollgruppe verglichen. In einem nach dem Taxonomiesystem von Bloom und Mitarbeitern begründeten Verfahren konnten wir einen signifikanten Anstieg der Punktwerte von 13.3 Punkten der Versuchsgruppe gegenüber 8.6 Punkten der Kontrollgruppe ermitteln.

Bei der Befragung des Personals über die Erfahrungen mit den Spielautomaten ergaben sich in allen sechs an der Untersuchung beteiligten Kliniken durchweg positive Einschätzungen. Manche Außenseiter konnten wieder in die Gruppen in-

---

Erfolge schon
nach 2 Wochen

Aus der
Isolation
in die
Gemeinschaft
der Gruppe

tegriert werden. Ein wichtiges Ergebnis war die Bildung neuer Spielgemeinschaften über die bis dahin starren Flur- bzw. Zimmergrenzen hinweg. Nicht wenige Kliniken kranken an Isolationstendenzen ihrer Patienten, das gilt besonders auch für Langzeitpatienten in Landeskrankenhäusern. Die Auflockerung in neue informelle Gruppenbildungen wurde allgemein begrüßt. Diese Gruppenbildungen gingen so weit, daß ohne Zutun des Personals neue Gemeinschaftsmotivierungen entstanden. Die Gruppen übernahmen selbst Ordnungsmaßnahmen, die sonst gar nicht oder nur schwer zu vermitteln waren. Gleiche Erfahrungen machten wir Jahre später mit Jugendlichen eines sozialen Brennpunktes in Berlin.

Frage: Gibt es Störarten, für die ein Spieltraining an Unterhaltungsautomaten besonders geeignet ist?
Benesch: Eine solche Differenzierung haben wir versucht, sie ist uns jedoch nicht möglich gewesen. Man kann aber sicher hervorheben, daß sich die Automatenspiele sehr oft bei körperlich oder geistig Behinderten bewähren. In einer relativ neuen Spezialuntersuchung in einem Heim für Schwerbehinderte

Grenzen öffnen sich

Keine Scheu vor technischen Raffinessen

resümierte die Versuchsleiterin, daß Behinderte gern an Automaten spielen und sich nicht vor den technischen Raffinessen scheuen. Die behinderten Erwachsenen reagierten auf die Möglichkeiten des Automatenspiels gelassener als manche Mitarbeiter der Anstalt.

Frage: Wie fassen Sie persönlich den Wert des Automatenspiels als Therapeutikum zusammen?
Benesch: Ganz wichtig ist, daß Spielen lernen auch Verlieren lernen heißt. Ich sehe im Spielen eine Lebensbereicherung, die man nutzen sollte. Den Ärmsten der Armen – nämlich den psychisch Gestörten – die im Spiel liegende Bereicherung vorzuenthalten, ist mehr als bedenklich und verwerflich.

Gewinnen und Verlieren bereichert das Leben

Frage: Bitte sagen Sie uns zum Schluß noch Ihre Meinung zu der oft zitierten Spielsucht.
Benesch: Das Spielen Erwachsener wird mancherorts nicht nur mißtrauisch betrachtet, sondern dient auch als Prügelknabe für anderweitige Versäumnisse. Mancher Publizist oder Politiker macht es sich leicht, indem er das Aufbegehren oder auch die Randale Jugendlicher einfach der Existenz von Spielhal-

Prügelknabe für andere Versäumnisse

len in die Schuhe schiebt. Wenn man im Zusammenhang mit Spielleidenschaft von »Sucht« spricht, entspricht das nicht der fachlichen Suchtterminologie.

Der klinische Suchtbegriff mit seiner definierten sechsteiligen Suchtcharakteristik (andauernde Einengung auf die Suchtszene, Verlust der Entspannungswirkung, Selbstbelohnungseffekt, exzessives Suchterlebnis mit Kontrollverlust, progressive Dosissteigerung mit Abbauresistenz und Lebensentleerung ohne das Suchtmittel) wird in dieser Charakteristik so reduziert, daß er zum Synonym für mißbräuchliche finanzielle Selbstschädigung abgewertet wird. Eine solche Begriffsverwässerung dient nicht der Aufklärung. Tatsächliche Süchte sind immer auch mit bleibenden Persönlichkeitsdeformationen verbunden, was von exzessiven Spielern nicht bekannt ist.

Den Suchtbegriff nicht mißbräuchlich abwerten

Alphons Silbermann

Für das Automatenspiel gibt es einen objektiv nachweisbaren Bedarf

Alphons Silbermann, Köln

Professor Dr. Alphons Silbermann war bis 1975 Professor für Soziologie an der Universität zu Köln, danach an der Universität Bordeaux. Der im In- und Ausland anerkannte, vielfach hochgeehrte und ausgezeichnete Wissenschaftler ist forschend und publizistisch nach wie vor als Direktor des Kölner Instituts für Massenkommunikation aktiv.

Frage: Sie haben sich in einer großen soziologischen Studie mit dem Spielen an Unterhaltungsautomaten befaßt. Was hat Sie zu dieser Untersuchung bewogen?

Silbermann: Ich bin im Grunde meines Herzens – das gilt für den Menschen wie für den Soziologen Silbermann – ein Liberaler, der sich über weite Strecken seines Lebens mit Untersuchungen zur Vorurteilsforschung beschäftigt hat, weil ich aus tiefer Überzeugung für den Abbau von Vorurteilen bin. Dem Automatenspiel, den Spielstätten und den Spielenden gegenüber herrscht ganz ohne Frage ein großes Vorurteil, das Unheil über diejenigen bringt, die das Vorurteil betrifft. Am Abbau dieses Vorurteils mitzuwirken, fügt sich also nahtlos in mein bisheriges Wirken.

Vorurteile bringen Unheil

Frage: Wie ist das Vorurteil zu beschreiben, das Ihrer Ansicht nach gegenüber dem Automatenspiel und den Automatenspielern besteht?

Silbermann: Sie brauchen nur die Presse aufzuschlagen oder den Fernseher einzuschalten, dann fallen Ihnen sofort die gängigen Schlagzeilen ins Auge: »Spielen ist eine Droge«, »Spielsucht ließ ihn in

Mit der Moral zu Felde ziehen

fremde Taschen greifen«, »Süchtig nach dem Spiel am Automaten«. Dieses Problem – so machen uns die Medien glauben – ist ein gesamtgesellschaftliches Problem, das nur durch Beschränkungen, Verbote, gesetzliche Regelungen und andere Eingriffe des Staates in den Griff zu bekommen ist. Durch den Staat, der uns pflichtgemäß vor Übeln zu schützen und die Moral aufrechtzuerhalten hat.

Frage: Und diese Beschreibung des Problems geht nach Ihrem Dafürhalten am wahren Kern vorbei?

Von der Dramatisierung...

Silbermann: Genau diese Dramatisierung – übrigens eine auf breitester Basis praktizierte und auf die Spitze getriebene kommunikative Verhaltensweise – ist es, die wie eine Zeitkrankheit zu mannigfaltigen Fehleinschätzungen, Fehlbeurteilungen und letztlich zu Vorurteilen führt, zu Vorurteilen gegen das Spiel an Automaten, gegen die Stätten des Spielens und gegen die Spielenden selbst. Und genau das ist der Punkt, an dem wir uns als Soziologen mit unserer Untersuchung eingemischt haben, denn wir wissen, welche Ungerechtigkeiten und welches Unheil Vorurteile anrichten. Ganze Bevölkerungsgruppen wer-

...in die Diskriminierung

den hierdurch ins gesellschaftliche Abseits gestellt, werden ob ihrer Aktivitäten und Mentalität stereotypisiert und letztendlich diskriminiert.

Frage: Was exakt war Ihr Forschungsziel?
Silbermann: Die Grundfragen bezüglich des Automatenspiels bezogen sich auf die individuellen Spielbedürfnisse und auf den sich daraus ergebenden objektiven Bedarf an entsprechenden Spielmöglichkeiten...

Frage: ...Ist es nicht so, daß sich ein Bedarf relativ einfach nachweisen läßt, wenn man Spieler fragt, während die Befragung von Nicht-Spielern eher zum genauen Gegenteil kommt?
Silbermann: Die erkenntnistheoretischen Grundlagen zu Spiel und Freizeit sind nicht nur sehr vielseitig, sondern teilweise von Unwissen geprägt. Dem ist schon so mancher Forscher zum Opfer gefallen und hat keine erwiesenen (d. h. auf empirischer Basis gründenden) Befunde vorgelegt, sondern hat eingestimmt in den Chor des kritischen und vorurteilsbeladenen Jammerns des Zeitgeistes über den Zerfall von Moral, Sitte und Recht.

Bedürfnis und Bedarf

Das Jammern des Zeitgeistes

Vier Forschungsziele

Dem darf der empirische Soziologe nicht verfallen. Wir können von unserer Studie mit Fug und Recht behaupten, daß sie folgende vier Forschungsziele erfüllt: erstens liefert sie allgemeine Erkenntnisse über die Benutzergruppen von Spielautomaten, zweitens liefert sie Erkenntnisse zur Spielmotivation, drittens bietet sie Anregungen für die Konstruktion von Spielautomaten und viertens arbeitet sie die Argumentation derer auf, die als Gesetzgeber, Behörden, Kritiker oder Moralisten dirigistisch-restriktiv eingreifen möchten.

Frage: Noch einmal die Frage, ob die zu erwartenden Ergebnisse nicht stark davon abhängen, wen man fragt?

Dieses Glatteis haben wir gemieden

Silbermann: Was Ihre Vermutung bezüglich der zu erwartenden unterschiedlichen Ergebnisse betrifft, wenn man denn entweder Spieler oder Nicht-Spieler befragt, so haben Sie im Prinzip recht. Auf dieses Glatteis haben wir uns allerdings nicht begeben. Wir wollten ein zutreffendes Bild der gesamtgesellschaftlichen Situation gewinnen und haben daher Ende 1990/Anfang 1991 in einer repräsentativen Stichprobe von mehr als 1.500 Personen selbstverständlich sowohl die spielende als auch die nicht spielende Bevölkerung zwischen 18 und 40 Jahren erfaßt und dabei unser eigentliches Forschungsobjekt – nämlich das Automatenspiel – in das Gesamt der Freizeitpalette gestellt. So haben wir auf der Grundlage der subjektiven Einstellungen der Befragten sowie ihrer tatsächlichen Verhaltensweisen die Wertmaßstäbe zur Beurteilung des Automatenspiels in unserer Gesellschaft erfaßt.

Die gleichzeitige Untersuchung sowohl von Spielern als auch von Nicht-Spielern – und zwar nicht deren psychologische, sondern soziologische Erfassung, ihre Verhaltensmodi – ist vor uns noch in keiner Studie erfolgt.

Frage: Um gleich die Kernfrage zu stellen: Gibt es im Zusammenhang mit dem Automatenspiel ein Bedürfnis in der Bevölkerung und damit einen gesellschaftlichen Bedarf an solchen Spielmöglichkeiten?

Silbermann: Bedürfnisse drücken sich im tatsächlichen Verhalten aus, nicht in der wertenden Einschätzung einer Population. Deswegen haben wir zunächst danach gefragt, ob schon an irgendeinem

Befragt wurden Spieler und Nicht-Spieler

Tatsächliches Verhalten als Ausgangspunkt

Fester Bestandteil der Freizeit

Automatenspiel teilgenommen wurde.

Die Tatsache, daß nur 36 % aller 18- bis 40jährigen noch nie an einem Automaten gespielt haben, läßt darauf schließen, daß das Automatenspiel ein fester Bestandteil des Freizeitlebens ist. »Erst ein Mal« haben 15 % gespielt, »selten« spielen 19 %, »manchmal« 21 % und »oft« 8 %.

Keine dramatische Zunahme

Vergleicht man diese Zahlen mit älteren Daten, so zeigt sich eine recht stabile Kontinuität. Für die immer wieder aufgestellte Behauptung einer dramatischen Zunahme des Automatenspiels in den vergangenen zehn Jahren lassen sich keine Belege finden.

Ein klares Bedürfnis

Es gibt also klar und deutlich ein Bedürfnis in der Bevölkerung und folglich einen Bedarf an solchen Freizeitangeboten, wenn sie auch nur von einer Minderheit »manchmal« oder »oft« genutzt werden – einer Minderheit, die aber immerhin knapp ein Drittel der erwachsenen Bevölkerung zwischen 18 und 40 Jahren ausmacht.

Frage: Welchen Stellenwert hat das Automatenspiel innerhalb der Gesamtheit der zur Verfügung stehenden Möglichkeiten der Freizeitgestaltung?

Silbermann: Freizeit ist innerhalb der subjektiven Wertschätzung eine höchst individuelle Angelegenheit. Wir haben gefragt, was in der Freizeit am wichtigsten sei. Auf diese Frage nannten die Interviewten insgesamt 39 Bereiche, unter denen nur die aktive sportliche Betätigung mit einer bemerkenswerten Quantität von 23 % vertreten war. Alle anderen Freizeitbeschäftigungen kamen nur auf sehr geringe Prozentwerte, das Fernsehen beispielsweise nur auf 4 %.

Zu dieser subjektiven Wertschätzung der Freizeitmöglichkeiten steht allerdings das tatsächlich praktizierte Freizeitverhalten im krassen Widerspruch. Bei den Freizeitbeschäftigungen, die wenigstens einmal in der Woche praktiziert werden, dominiert das Fernsehen ganz eindeutig mit 92 %. Bei den Freizeitaktivitäten außer Haus ist der aktiv betriebene Sport mit 41 % am stärksten vertreten, gefolgt von Spaziergängen und Kneipenbesuch (35%). Der Kinobesuch gehört ebenso wie Malen/Zeichnen für 4% der 18- bis 40jährigen zur wöchentlichen Freizeitpraxis, gefolgt von 3%, die mindestens einmal wöchentlich in eine Spielhalle gehen.

39 Freizeitbereiche

Auf Platz 1 rangiert das Fernsehen

Gemessen am Bedürfnis...

In der Gesamtrangliste aller von den Interviewten genannten mindestens einmal wöchentlich ausgeübten Freizeitaktivitäten rangiert der Spielhallenbesuch auf dem 30. von 33 Rängen. Übrigens werden Musikveranstaltungen oder Theater noch seltener besucht als Spielhallen. Bei einer reinen Orientierung am Bedürfnis der Bevölkerung müßten also die (vielfach hoch subventionierten) Theater noch vor den (sich ausnahmslos selbst finanzierenden) Spielhallen geschlossen werden.

...müßten Theater schließen

Frage: Es ist also nur eine Minderheit, die mindestens einmal wöchentlich eine Spielhalle besucht. Lassen sich die Angehörigen dieser Minderheit bezüglich ihres Freizeitverhaltens näher beschreiben?

Silbermann: Grundsätzlich ist der Automatenspieler ein vielseitig interessierter Freizeit-Typ. Er hört öfter Musik als der Nie-Spieler, dagegen ist er – sofern er nicht Sportspielgeräte, sondern Geldspielgeräte bevorzugt – weniger sportlich aktiv, hat aber als Zuschauer eine größere Vorliebe für Sportveranstaltungen.

Vielseitig interessierte Typen

Frage: Vom Automatenspieler wird

in den Medien und von manchen Experten, die sich dem Thema eher von der psychologischen Seite nähern, immer wieder der Eindruck vermittelt, er sei ein Einzelgänger ohne soziale Bindung, dessen einzige Freunde oder Feinde der Automat und er selbst seien. Liefert Ihre Untersuchung Erkenntnisse zu dieser Frage?

Silbermann: Hier spielt der Begriff der Gesellungsform eine große Rolle, der beschreibt, ob einer Freizeitaktivität allein, mit Familienmitgliedern, Freunden, Arbeitskollegen oder anderen Personen nachgegangen wird. Wir haben eine Reihe von häufig bis selten genutzten Freizeitangeboten zum Automatenspiel in Bezug gesetzt und dabei festgestellt, daß diejenigen, die häufiger dem Automatenspiel nachgehen, stärker als Nie- oder Selten-Spieler außer dem Automatenspiel solche Freizeitangebote bevorzugen, für die gute Freunde die typische und ganz überwiegende Gesellungsform sind. Mit anderen Worten: Der »einsame Wolf« ist nicht der typische Automatenspieler. Wer regelmäßig am Automaten spielt, bevorzugt neben dem Automatenspiel Freizeitaktivitäten, denen er – und das durchaus häufiger als dem Automatenspiel –

> Automatenspieler favorisieren die Geselligkeit

> Der einsame Wolf ist nicht typisch

gemeinsam mit guten Freunden nachgeht. Der typische Automatenspieler ist also an sozialen Kontakten interessiert, er hat und pflegt diese Kontakte. Daß es hier sicherlich auch Ausnahmen gibt, bestätigt nur die Regel.

Frage: Der Spieler, ob es sich nun um den von Dostojewski beschriebenen oder den von den Massenmedien als typisch dargestellten Automatenspieler handelt, hat seinen letzten Pfennig verspielt, seine Familie in den Hunger getrieben und ist ob seines unüberwindbaren Schuldenberges kriminell geworden. Lassen die von Ihnen erhobenen Daten es zu, dieses Bild in abgemilderter Form zu verallgemeinern?
Silbermann: Jede Freizeitbeschäftigung kostet Geld – auch das Spielen. Unsere Gesellschaft jedoch betrachtet Aktivitäten besonders argwöhnisch, bei denen Geld »verspielt« wird. Wir haben uns dieser Frage ganz objektiv genähert und ermittelt, wieviel Geld von der sich an Glücks- und Automatenspielen beteiligenden Bevölkerungsgruppe im Durchschnitt ausgegeben wird und welchen Prozentsatz diese besonderen Ausgaben im Gesamtbudget ausmachen.

Wofür Glücksspieler Geld ausgeben

Der Durchschnitt aller von uns befragten 18- bis 40jährigen Bundesbürger gibt im Monat DM 171,- für Kleidung, DM 94,- in Gaststätten, Restaurants usw., DM 27,- für Sportaktivitäten und DM 24,- für verschiedene Arten kultureller Veranstaltungen wie Konzerte, Theater, Kino usw. aus. Für den letzten Urlaub wurden durchschnittlich DM 1.357,- ausgegeben.

Kleider, Essen, Reisen...

Wer sich an Unternehmen des deutschen Lotto- und Toto-Blocks beteiligt – und das tun die Hälfte der von uns Befragten gelegentlich und ein Viertel regelmäßig mindestens einmal wöchentlich –, gibt dafür pro Spielbeteiligung DM 29,- aus. Von allen Befragten besuchen 10 % gelegentlich eine Spielbank, um dort Roulett oder an den einarmigen Banditen zu spielen. Wer im Automatensaal einer Spielbank spielt, gibt dafür durchschnittlich DM 35,- pro Spielgelegenheit aus, wer Roulett o.ä. spielt, DM 114,-.

...Lotto und Spielkasino...

Wer – und damit kommen wir zu unserem eigentlichen Forschungsgegenstand zurück – an Automaten spielt, wie sie in Spielhallen und Gaststätten anzutreffen sind, gibt dafür monatlich durchschnittlich DM 38,- aus.

...Spielhalle

Versuch zur Übersicht

Durchschnittlicher Geldeinsatz

Frage: Pro Spielbeteiligung, pro Spielgelegenheit, wöchentlich, monatlich... – lassen sich durch einfache Umrechnungen die einzelnen beim Spielen eingesetzten Beträge vergleichbarer machen? Und müssen wir bei den Automatenspielern vielleicht unterscheiden, ob jemand nur manchmal oder aber oft spielt?

Silbermann: Dann müßten Sie auch zwischen denen unterscheiden, die mit besonders hohem Einsatz Lotto oder besonders oft in der Spielbank spielen. Aber ich will versuchen, Ihrem Wunsch nach mehr Übersichtlichkeit unserer Daten zu entsprechen.

Die von uns ermittelten 23 % aller Befragten, die mindestens einmal wöchentlich an Lotteriespielen teilnehmen, geben dafür pro Monat im Durchschnitt DM 116,- aus. Automatenspieler geben für ihr Automatenspiel im gleichen Zeitraum nur DM 38,- aus, die von uns ermittelten 8 % aller Befragten, die nach eigener Aussage oft an Unterhaltungsautomaten spielen, lassen sich diese Form ihrer Freizeit monatlich im Durchschnitt DM 125,- kosten.

Lassen Sie uns noch ein anderes Zahlenspiel betrachten: Das Lotto verschlingt bei einem dreifach größeren Personenkreis pro Person ähnlich hohe Summen wie das Automatenspiel bei dem wesentlich kleineren Kreis der Häufig-Automatenspieler – und das, obwohl die Gewinnausschüttungsquoten beim Lotto mit 50 % geringer sind als beim Automatenspiel (65 bis 70 %). Dennoch ist das gesellschaftliche Image des Lottos wesentlich besser als das des Automatenspiels, was angesichts der von uns ermittelten Daten unverständlich und auch mit logischen Argumenten nicht zu erklären ist.

Das bessere Image ist unverständlich

Frage: Aus welchen Motiven spielen Menschen an Spielautomaten?
Silbermann: Aus der Sicht des Soziologen sind Motivationen als bewußte und/oder unbewußte Antriebe und Strebungen zu verstehen, die das individuelle und soziale Handeln von Menschen veranlassen und in seiner Richtung sowie Intensität beeinflussen...

Bewußte und unbewußte Antriebe

Frage: ...dann sind also unbewußte Antriebe nicht durch Befragungen zu ermitteln?
Silbermann: Richtig! Uns stehen zwei empirische Wege offen: Wir können einerseits das meßbare Spielverhalten als Aktivität in Richtung vermuteter und einleuchtend

Zwei empirische Wege

erscheinender Motivationsstrukturen deuten, andererseits können Selbstaussagen der spielenden Individuen als unmittelbare Äußerungen zu der zu beobachtenden Erscheinungsform der Spielmotivation quantifiziert und gewertet werden.

Frage: Das ist für den Laien nicht ganz einfach zu verstehen. Können Sie Ihre Ergebnisse etwas allgemeinverständlicher beschreiben?

Silbermann: Ich will es versuchen. Strikt soziologisch denkend, haben wir uns der Frage nach den Spielmotivationen auf zwei Wegen genähert. Zunächst durch die Interpretation des beobachteten Spielverhaltens – und zwar vor dem Hintergrund der vier prinzipiellen Rollen des Spiels, nämlich Zufall, Wettkampf, Scheinhandlung und Vergnügungs-Taumel. Sie wurden an Angebot und Nutzung des Automatenspiels gemessen: Im Spielverhalten waren Zufall und Wettkampf überrepräsentiert, hingegen Scheinhandlung und Vergnügungs-Taumel unterrepräsentiert.

Auf einem zweiten Weg zur Erfassung und Beschreibung der Spielmotivationen haben wir die Spielenden befragt. Das Ergebnis: Die

---

Zufall und Wettkampf...

...oder Spiellust als Motivation

Motivation, an Automaten zu spielen, setzt sich aus einer Summe von kaum scharf voneinander zu trennenden Anreizen zusammen, die ganz überwiegend in Richtung »Spiellust« verlaufen – Unterhaltung, Spaß, Geschicklichkeitstraining, Zeitvertreib usw. Am dritthäufigsten wurde genannt: »...weil ich Geld gewinnen will«.

Frage: Haben Sie auch Spieler getroffen, die als süchtig zu bezeichnen sind?
Silbermann: Wer ist als süchtig zu bezeichnen? Genau 1% des spielenden Anteils unserer Gesamtgruppe gab an: »...weil ich nicht anders kann«. Diese mit Abstand kleinste aller Gruppen erlebt das Spiel subjektiv als etwas, dem sie sich nicht entziehen kann. Dies sagt jedoch absolut nichts darüber aus, ob sich dieser Personenkreis selbst als problematisch oder süchtig einschätzt oder es objektiv ist. Die umgekehrte Aussage können wir dagegen sicher machen: 99% der spielenden Gesamtheit empfinden ihr Spiel subjektiv als gesund und bringen es nicht mit Elementen einer möglichen Sucht in Verbindung.

Frage: Wir haben bisher fast nur

Eine Summe von Anreizen

Die kleinste aller Gruppen

Auf dem Weg, eine Forschungslücke zu schließen

über das Automatenspiel aus der Sicht des spielenden Anteils der Bevölkerung gesprochen bzw. anhand der Beobachtungen und Auskünfte, die Sie in diesem Umfeld gewonnen haben. 51% des von Ihnen untersuchten repräsentativen Bevölkerungsquerschnitts jedoch waren Nicht-Spieler. Warum haben Sie diese Gruppe so intensiv untersucht?

Silbermann: Weil ich ein erklärter Gegner von Vorurteilen bin. In unserer Gesellschaft herrscht ein nicht gerade günstiges Meinungsbild zum Automatenspiel vor, bei dem ich den Verdacht hatte, es handle sich um ein Vorurteil. Bisher wurde versäumt, bei den nicht an Automaten spielenden Deutschen einmal der Frage nachzugehen, warum sie sich der negativen Bewertung des Automatenspiels bei ihrer Meinungsbildung angeschlossen haben. Diese Forschungslücke haben wir zu schließen versucht, indem wir zunächst gefragt haben: »Warum haben Sie noch nie bzw. erst ein einziges Mal an Spielautomaten gespielt?«.

Weitverbreitete Gründe

Frage: Wie lauteten die Antworten?
Silbermann: Als der am weitesten verbreitete Grund wurde mit 59% »kein Interesse/kein Reiz« gesagt –

also ein nicht weiter wertender Grund. Demgegenüber steht jedoch ein 37 % großer Anteil von Antwortenden, die ihre Begründungen stärker negativ wertend vorbrachten und Geldverschwendung, Zeitverschwendung oder Spielsuchtgefährdung nannten.

Die gerade genannten Prozentsätze bezogen sich auf Antworten, die von den Befragten selbst formuliert wurden. Gaben wir mögliche Antworten vor, überwog sehr deutlich die Zustimmung zu negativ wertenden Einstellungen, die von Vorurteilen und normativen Elementen der öffentlichen bzw. veröffentlichten Meinung geprägt sind.

Diskrepanz zwischen den Antworten

Frage: Was halten Nicht-Spieler von Spielhallen?
Silbermann: Sie sind vielen von ihnen ein Dorn im Auge. Und dabei hat uns besonders interessiert, ob diese Einstellung auf einer öffentlichen oder auf einer eigenen Meinungsbildung beruht.

Für viele ein Dorn im Auge

Frage: Haben Sie eine Antwort auf diese Ihre Frage gefunden?
Silbermann: Es zeigte sich, daß die größte Befragtengruppe (53% aller Nicht-Spieler) nicht einmal eine einzige Spielhalle kennt, und daß von

Urteile ohne Milieu-Kenntnis

denen, die mindestens eine Spielhalle kennen, wiederum 66% keine einzige der Lokalitäten auch von innen kennen. Diese Leute ohne eigene Urteilsmöglichkeit in diesem konkreten Fall aber sagen zu einem hohen Prozentsatz im Brustton der Überzeugung, daß Spielhallen langweilig sind und in ihnen ein Publikum verkehrt, das ihnen nicht gefällt.

Kritiklose Bewertungsmaßstäbe

Ohne diesen Teil unserer Untersuchung – der mich selbst ganz besonders fasziniert – allzu sehr in die Länge ziehen zu wollen, lassen Sie mich noch auf eines hinweisen: Je weniger die Befragten über gesetzliche Bestimmungen im Zusammenhang mit dem Automatenspiel wissen, desto nachhaltiger sprechen sie sich für eine Verschärfung dieser Bestimmungen aus. Ebenso wie beim Vorurteil orientiert sich ein Großteil unserer Befragten an allgemein vorgehaltenen Werthaltungen, die weiter keiner genauen Prüfung und/oder Überlegung unterzogen werden.

Frage: Welche Einstellung haben Sie selbst zu den genannten gesetzlichen Bestimmungen? Der Gesetzgeber und seine Behörden haben ja in der Vergangenheit mit dem ständigen Hinweis, Gefahren abwenden zu müssen, ganz überwiegend restriktiv interveniert.

Silbermann: Ich wünsche mir einen Gesetzgeber, der weniger vorurteilsgeleitet, restriktiv und ausgrenzend vorgeht. Es würde dem Gesetzgeber und seinen Behörden gut zu Gesicht stehen, das Automatenspiel als Freizeitaktivität, für die ein Bedarf objektiv nachweisbar ist, stärker integrierend und planend zu behandeln, d. h. auf der Grundlage einer liberaleren Gesetzgebung eine bewußte Gestaltung der kommunalen Infrastruktur der Freizeitangebote anzustreben.

Zu wünschen wäre ein liberaler Gesetzgeber

Frage: Zum Schluß bitte noch ein Wort zum Jugendschutz.

Silbermann: Ich bin völlig damit einverstanden, daß Kinder und Jugendliche durch das Aufstellen und Einhalten von Altersgrenzen von Spielautomaten und Spielhallen ferngehalten werden – aber ich halte überhaupt nichts davon, Erwachsene, die dieses Freizeitangebot wahrnehmen wollen, wie Kinder zu behandeln, indem sie ständig weitergehenden Restriktionen unterworfen werden.

Erwachsene nicht wie Kinder behandeln

Henry Puhe

Problematisch ist das Nicht-Verlieren-Dürfen

Henry Puhe,
Bielefeld

Dr. Henry Puhe hat sein Soziologie-Studium in Marburg abgeschlossen, wobei er sich schon in seiner Promotion mit dem Freizeitverhalten beschäftigt hat. Danach war er beim Emnid-Institut in Bielefeld acht Jahre lang zuständig für den Bereich der Freizeitforschung, ehe er sich 1991 selbständig gemacht hat und inzwischen Geschäftsführer des Instituts für Sozialforschung und Kommunikation in Bielefeld ist.

Frage: Wir befassen uns mit dem Generalthema »Wenn Spielen zum Problem wird«, wobei wir in erster Linie auf den Umgang mit Automaten mit Gewinnmöglichkeit abheben, weil diese Geräte nach wie vor Gegenstand einer recht heftigen öffentlichen Diskussion sind...

Puhe: ...darf ich Sie an dieser Stelle schon einmal unterbrechen? Als wir dieses Interview vereinbarten und Sie mir Ihr Generalthema nannten, hatte ich zunächst in eine völlig andere Richtung gedacht. Ich hatte Sie in dem Sinne verstanden, daß es – für Kinder wie Erwachsene gleichermaßen – zunehmend ein Problem wird, Gelegenheit zum Spielen zu finden, weil unsere Innenstädte hinsichtlich der Spielmöglichkeiten zunehmend verarmen, worin ich in der Tat ein soziologisches und kommunalpolitisches Problem erheblichen Ausmaßes sehe. Vor diesem Hintergrund beispielsweise könnte man das zunehmende Gewaltpotential bei Kindern und Jugendlichen sehen. Aber das meinen Sie offensichtlich nicht mit Ihrer Frage »Wenn Spielen zum Problem wird«.

Frage: Es ist ja ein Charakteristi-

Innenstädte ohne Spielmöglichkeiten...

...erhöhen das Gewaltpotential

Die Größenordnung des Problems

Stark eingeschränktes Angebot

kum öffentlicher Diskussionen, daß sie sich vorzugsweise auf Nebenschauplätzen austoben und die wirklich drängenden Probleme meist ausklammern. Wir wollen der Frage nachgehen, was passiert, wenn für bestimmte Menschen der Umgang mit Daddelautomaten zum Problem wird. Von Ihnen erhoffen wir uns einen Einblick in die Größenordnung des Problems, denn Sie fragen in Ihren jährlichen Freizeituntersuchungen auch nach dem Besuch von Spielhallen.

Puhe: Diese Untersuchungen laufen mittlerweile im neunten Jahr und erstrecken sich seit 1990 auch auf die neuen Bundesländer. Unter anderem fragen wir dabei einen repräsentativen Bevölkerungsquerschnitt, was die Leute tun, wenn sie ihre Freizeit außer Haus verbringen. Wenn man anfängt, die hierfür in Frage kommenden Möglichkeiten aufzuzählen, dann ist man überrascht, wie eingeschränkt dieses Angebot ist. Essen, trinken oder irgendwo sitzen, sei es nun im Kino oder im Theater, oder rumstehen, sei es in der Disko oder auf dem Sportplatz – damit hat es sich dann auch schon weitgehend bezüglich der in unseren Innenstädten bestehenden Möglichkeiten.

Spielhallen als einzige Ausnahme

In die Lücke der fast völlig fehlenden Spielmöglichkeiten stoßen einzig und allein die Spielhallen. Sie haben eine relativ niedrige Eintrittsschwelle, denn es wird kein Eintrittsgeld verlangt, der Besucher geht keine Verpflichtung ein. Diese Spielhallen sind häufig die einzige Möglichkeit, sich in der Landschaft deutscher Innenstädte außer Haus spielerisch zu betätigen, obwohl das für Kinder, Jugendliche und auch für Erwachsene ein Urbedürfnis ist.

Frage: Und wie häufig wird dieses Angebot der Spielhallen genutzt?
Puhe: Relativ selten. Nur knapp ein Prozent der von uns befragten Personen sagen von sich aus, daß sie *häufig* eine Spielhalle besuchen.

Nur wenige daddeln häufig...

Frage: Wie ist der Begriff »häufig« definiert?
Puhe: Gar nicht, das ist eine Angabe, die ohne weitere Erläuterung gemacht wird. Das kann von täglich bis einmal monatlich alles heißen. Die Antwortskala geht von »häufig« über »manchmal« und »selten« bis »nie«. Ein weiterer Anteil unserer repräsentativen Stichprobe, und zwar drei bis vier

...kaum mehr manchmal

Prozent, besucht *manchmal* eine Spielhalle, wobei auch der Begriff »manchmal« nicht näher definiert ist. Diese Zahlen liegen deutlich am unteren Ende der Liste der von uns insgesamt untersuchten Freizeitaktivitäten.

Freizeitaktivitäten außer Haus...

...nimmt fast jeder wahr

Frage: Bitte sagen Sie uns, wieviel Prozent unserer Bevölkerung überhaupt Freizeitaktivitäten außer Haus entwickeln, damit wir den Kreis derer, die häufiger eine Spielhalle besuchen, quantitativ besser in den Griff bekommen.

Puhe: Die außer Haus entfalteten Aktivitäten schließen auch das Einkaufsverhalten ein. Einkaufen und das davon zu unterscheidende Shopping sind die Hauptgründe, warum Menschen in ihrer Freizeit das Zuhause verlassen und in die Innenstädte gehen. Fast jeder nimmt wenigstens »selten« außerhäusliche Freizeitaktivitäten wahr. Das geht vom Stadtbummel über Kinobesuch bis zum Besuch von Sportveranstaltungen in unterschiedlicher Intensität und Kombination. In die Spielhalle gehen eher nur 1 % der Befragten häufig.

Frage: Und, da Sie einen repräsentativen Bevölkerungsquerschnitt be-

fragen, damit auch nur 1% der Gesamtbevölkerung?
Puhe: So ist es. Wenn Sie wissen wollen, für wie viele Deutsche der Spielhallenbesuch – ob nur gelegentlich oder häufiger – überhaupt zu ihrem Verhaltensrepertoire gehört, dann können Sie über den Daumen von zwei Millionen ausgehen.

Frage: Wenn man sich jetzt vorstellt, daß von diesen zwei Millionen nur ein relativ kleiner Anteil ausgesprochen häufig in eine Spielhalle geht, und wenn man sich weiter vorstellt, daß sog. Spielsüchtige wiederum nur einen Teil der Leute ausmachen können, die extrem häufig Spielhallen besuchen, dann können doch die Zahlen über die Häufigkeit von Spielsüchtigen, die hinauf bis zu einer Million gehandelt werden, schlicht und einfach nicht stimmen?
Puhe: Zum extrem häufigen Spielhallenbesuch macht unsere Untersuchung keine Aussagen, schon gar nicht zu der Zahl derer, für die das häufige Spielen eine Belastung mit Krankheitswert sein könnte. Und wenn wir ein Prozent der Bevölkerung ausmachen, die nach eigenen Angaben häufig eine Spielhalle be-

Über den Daumen gepeilt

Widersprüche

Keine Aussagen zu Problem-Spielern

suchen, dann sind das 30 bis 40 Personen unserer Stichprobe. Auf dieser Basis können wir keine Hochrechnungen über die Anzahl von Spielsüchtigen anstellen. Aber in der logischen Betrachtung, die Sie gerade angestellt haben, folge ich Ihnen durchaus, was die Größenordnung betrifft.

Frage: Wie setzen sich Spielhallenbesucher in Ihrer Untersuchung nach dem Geschlecht zusammen?
Puhe: 90 Prozent sind Männer, nur zehn Prozent Frauen. Vom Alter her ist es keinesfalls die jüngste Gruppe, die größte Häufigkeit findet sich bei den 24- bis 36jährigen. Alle diese Zahlen unserer Repräsentativ-Befragung decken sich übrigens sehr genau mit den Zahlen, die wir in anderen Untersuchungen direkt vor Ort erhoben haben, also direkt in Spielhallen.

Frage: Läßt Ihre Untersuchung auch Rückschlüsse auf die Einhaltung des Jugendschutzgesetzes zu?
Puhe: In unserer Stichprobe sind auch die 14- bis 18jährigen Jugendlichen vertreten, ihr Spielhallenbesuch tendiert jedoch gegen Null. Der Jugendschutz funktioniert auf diesem Gebiet dem Anschein nach

90 Prozent sind Männer

Der Jugendschutz funktioniert

gut. Das bestätigen übrigens auch die Erkenntnisse, die auf Razzien vor Ort beruhen.

Frage: Daß Sie bei Ihrer Befragung keine jugendlichen Spielhallenbesucher erfassen, könnte das daran liegen, daß Sie unehrliche Antworten bekommen? Daß die Kids nur sagen, sie würden nicht in Spielhallen gehen, obgleich sie es tatsächlich doch tun?

Puhe: Sicher wird es auch solche geben. Aber grundsätzlich ist festzustellen, daß die Befragten bei solchen Untersuchungen, in denen sie anonym bleiben und es mit einem Interviewer zu tun haben, den sie nicht kennen, dazu neigen, ehrlich zu antworten, weil sie das Bedürfnis nach Plausibilität und Konsistenz in ihren Antworten haben und sich nicht in Widersprüche verwickeln wollen. Bei manchen Fragen werden die Antworten sicher ein wenig von der sozialen Erwünschtheit beeinflußt, aber diesen Störfaktor können wir getrost vernachlässigen.

Frage: Welchen Rangplatz unter den Freizeitaktivitäten nimmt der Spielhallenbesuch in der Gesamtbevölkerung ein?

Geschwindelte Antworten?

Tendenz zur Ehrlichkeit

Ganz am Ende der Skala

Puhe: Bei den außerhäuslichen Aktivitäten 1991 dominierte ganz eindeutig der Gaststätten- und Restaurantbesuch mit 49%, gefolgt von Stadtbummel und Shopping mit 44%, Ausflügen und Besichtigungen mit 41%, Kino mit 17%, Theater und Konzert mit 16%. Ganz am Ende rangieren die seltenen und häufigeren Besuche in einer Spielhalle mit insgesamt 4 bis 5%.

Frage: An welcher Stelle rangieren der aktiv betriebene Sport und der Besuch von Sportveranstaltungen als Zuschauer?

Sport ist fünfmal attraktiver

Puhe: Der Besuch von Sportveranstaltungen liegt bei 20%, eher selbst aktiv Sport treiben 27%.

Frage: Können Sie etwas über den Trend aussagen, haben sich die Häufigkeiten zwischen 1985 und 1991 verschoben?

Konstanter Spielhallen-Besuch

Puhe: Der Spielhallenbesuch ist ebenso wie der Gaststättenbesuch konstant geblieben, bei den Ausflügen und Besichtigungen ist ein drastischer Rückgang zu verzeichnen, beim Stadtbummel ein sehr dezenter Rückgang. Auch der Sport ist auf dem Rückzug, und zwar sowohl der aktiv betriebene Sport als auch das Zuschauen bei Sportveranstaltungen.

Frage: Zurück in die Spielhalle. Haben Sie einen Unterschied zwischen Osten und Westen ausmachen können?

Puhe: In der DDR waren Spielhallen unbekannt. Als dieses Gebiet zu den neuen Bundesländern wurde, waren die Spielhallen sehr schnell da und häufig die einzigen Orte, an denen man sich treffen konnte. Die Spielhallen starteten dort als Freizeit-Treffpunkte mit hohem kommunikativen Stellenwert, werden aber – und dieser Trend ist bereits jetzt deutlich ablesbar – in dem Maße, wie sich andere Freizeitangebote etablieren, auf die Rolle reduziert, die sie in den westlichen Bundesländern spielen. Insgesamt werden sie relativ selten besucht und zwar überwiegend von Einzelpersonen, die wenig Interesse an Kommunikation zeigen. Auch die Geschlechterverteilung nähert sich in den Spielhallen der östlichen Bundesländer dem Bild, das wir aus dem Westen kennen.

Der niedrige Frauenanteil ist sicher auch ein Grund dafür, daß Spielhallen für Jugendliche ein eher unattraktives Freizeitangebot sind, denn

Entwicklung in den neuen Bundesländern

Für Jugendliche eher unattraktiv

dieser Lebensabschnitt ist von einem ausgeprägten Partner-Such-Verhalten charakterisiert, dem man sinnvoll nur dort frönen kann, wo sich beide Geschlechter aufhalten. Übrigens sind Spielhallen in unserer Freizeit praktisch die einzige Männerdomäne, die sich im Laufe der Zeit herauskristallisiert hat.

Frage: Ist es nicht erstaunlich, daß in den Automatensälen der Spielcasinos überwiegend Frauen an den einarmigen Banditen spielen?

Puhe: Das ist ein ganz anderes Phänomen. Diese Automaten verlangen wesentlich höhere Einsätze und winken mit wesentlich höheren möglichen Gewinnen. Demgegenüber ist die Chance, an einem Geldspielautomaten in einer Spielhalle Geld zu gewinnen, nicht besonders reizvoll.

Frage: Wenn die Chancen niedrig sind, dafür aber der Zeitaufwand hoch ist – wo liegt dann der Reiz, den die Daddelautomaten auf manche Menschen ausüben?

Puhe: Das können in der Regel nur Menschen sein, die Zeit in ziemlich hohem Maße zur Verfügung haben. Damit sind wir mitten in den Problemen von Arbeitslosigkeit, Bindungslosigkeit, Orientierungslosigkeit und

---

Ein ganz anderes Phänomen

Menschen mit viel freier Zeit

Langeweile. Ich denke, daß Langeweile die Haupttriebfeder ist, in einer Spielhalle zu spielen, denn das ist eine Möglichkeit, mit einem kalkulierbaren Finanzaufwand auf sehr intensive Art und Weise Zeit einfach totzuschlagen.

Zeit totschlagen

Frage: Für mich persönlich wäre die Schwelle, in eine Spielhalle zu gehen, relativ hoch, weil ich nicht weiß, was ich dort soll. Andere gehen möglicherweise nicht gern in eine Kneipe, in der zig Leute durcheinanderreden, in der sie möglicherweise in ein Gespräch hineingezogen werden.

Puhe: In einer Spielhalle können Sie sich in völliger Anonymität aufhalten, dort haben Sie Ihre Ruhe, keiner spricht Sie an, denn das gilt dort als ungeschriebenes Gesetz – zumindest in den überwiegend von Deutschen besuchten Spielhallen, während für Ausländer die Spielhalle einen stärker kommunikativen Stellenwert hat.

Völlige Anonymität

Wenn wir über Spieler reden, für die das Spielen zum Problem wird, dann meinen wir nicht das exzessive Flippern oder Billardspielen, das es sicher auch gibt. Von Problemspielern reden wir immer nur im Zusammenhang mit den Geldspielleuten,

Die meisten flippern oder spielen Billard

Die Zahl wird immer kleiner

Das Spielen am Automaten hat Arbeitscharakter

die aber in einer Spielhalle nur eine Minderheit ausmachen. Die Mehrheit hält sich in jenem Bereich der Spielhalle auf, in dem die reinen Unterhaltungsgeräte stehen, also Flipper oder Videogeräte aller Art. Wenn ich noch einmal auf mein Gesamtpotential an Spielhallenbesuchern von zwei Millionen Bundesbürgern zurückkomme, das ich am Anfang unseres Gespräches erwähnte, dann reduziert sich diese Zahl noch einmal deutlich, wenn ich nur die betrachte, die an den Geldspielautomaten spielen.

Frage: Als Soziologe müßte es Sie doch eigentlich interessieren, wie die Leute strukturiert sind, die häufiger an Spielautomaten mit Gewinnmöglichkeit anzutreffen sind.
Puhe: Das tut es auch. Deren Spiel hat starken Arbeitscharakter. Diese Leute verhalten sich tatsächlich häufig wie Fabrikarbeiter, sie sind sehr konzentriert und engagiert und arbeiten intensiv an den Tasten der Geräte. Sie gehen absolut routiniert mit dem Automaten um. Für jemanden, der gar nichts von diesen Automaten versteht, muß der Eindruck entstehen, daß sie den Automaten völlig im Griff haben und nach Belieben für ihre Belange einsetzen.

Wenn Sie so wollen, ist das Automatenspiel die Fortsetzung des ewig Gleichen, das diese Leute aus dem Arbeitsalltag kennen.

Frage: Wer am Automaten mit Gewinnmöglichkeit spielt, geht ja auch bewußt einer Konkurrenzsituation aus dem Weg. Beim Billard, beim Flippern, beim Skat, Kegeln und Knobeln offenbaren sich Gewinner und Verlierer.

Spielen ohne Konkurrenz

Puhe: Da sprechen Sie das interessante Phänomen an, nicht vor anderen verlieren zu dürfen oder zu wollen. Beim Automaten weiß keiner, wieviel Geld ich hineingesteckt habe. Nur wenn ich gewonnen habe, macht der Automat meine Umgebung akustisch auf meinen Sieg, auf meinen Erfolg aufmerksam, während er meinen Verlust, meine Niederlage dezent übergeht.

Nicht verlieren dürfen

Ich denke, negative Rückmeldungen vermeiden zu wollen, ist ein erlerntes und weit verbreitetes Verhalten in unserer stark materialistisch ausgerichteten Gesellschaft, das schon die Kinder von Anfang an mitbekommen und unbewußt oder bewußt trainieren. Verlieren zu können wird immer schwerer lernbar.

Training schon im Kindesalter

Frage: Wie erklären Sie sich das

Unsere Gesellschaft baut auf Konkurrenz

Auswege im Arbeitsalltag

Phänomen, daß manche mehr Probleme haben als andere, wenn es darum geht, eine Niederlage einzugestehen?

Puhe: Aus psychologischer Sicht liegt es wohl daran, daß wir in einer Wettbewerbsgesellschaft leben, in der wir durch berufliche Sozialisation immer wieder in eine Auseinandersetzung mit unseren Mitmenschen gedrängt werden. Alle Gratifikationen, die diese Gesellschaft zu bieten hat, sind abhängig vom Durchsetzungswillen und der faktischen Durchsetzungskraft gegenüber anderen. Verlieren ist der notwendige Gegenpol zu diesen Gratifikationen. Verlieren heißt, sich nicht durchgesetzt zu haben, eine Prüfung oder eine Konkurrenzsituation nicht bestanden zu haben.

Es gibt Möglichkeiten und Wege, im Arbeitsalltag diese übertriebene Konfrontation zwischen Menschen aufzubrechen. In der Automobilindustrie und auch in anderen Branchen wird z. B. wieder Gruppenarbeit diskutiert oder gar schon realisiert, wodurch die intersubjektive Konkurrenz auf das höhere Niveau der Gruppe verlagert wird. Innerhalb einer Gruppe kann sich der einzelne leichter auf die Verliererseite schlagen.

Die Individualisierungstendenz innerhalb unserer Gesellschaft führt auch zu einer individuellen Schuldzuweisung. Schuld hat man also allein zu tragen, ohne daß die Gesellschaft Frei- oder Lernräume bietet, in denen man auf problemlose Weise verlieren kann und darf.

Dieses Problem gibt es auch innerhalb der Familien. Wenn ich mir nur das Phänomen ansehe, daß nahezu 70 Prozent der Eltern für ihre Kinder das Gymnasium als geeignete Schulform anstreben, dann kann ich mir lebhaft den Druck vorstellen, der auf einer Vielzahl von Kindern lastet, die aufgrund ihrer Leistungen oder ihres Leistungsvermögens die Eingangskriterien fürs Gymnasium nicht erfüllen.

Frage: Aber beim Spiel, zumindest beim Glücksspiel geht es doch gar nicht um eine zu erbringende Leistung, um eine zu beweisende Kompetenz. Entweder hat man Glück oder man hat es nicht – und Glück ist nun einmal nicht beeinflußbar.

Puhe: Wenn Sie sich den Slogan vom Glück des Tüchtigen vor Augen halten, dann sehen Sie, daß es in unserer Gesellschaft Tendenzen gibt, selbst für Unglück die Untüchtigkeit des Individuums verant-

Individuelle Schuldzuweisung

Überforderte Schüler

Selbst das Glück...

...wird zum errungenen Erfolg

Roulett und Schach sind die Pole...

...Spielautomaten haben von beidem etwas

wortlich zu machen. Und so wird denn die Tatsache, kein Glück gehabt zu haben, innerlich zum Verlieren umgemünzt, das Glück zum durch eigenes Zutun errungenen Erfolg.

Zum Spiel und zum Glücksspiel: Roulett ist ein reines Glücksspiel, bei dem sich der Spieler, der den Lauf der Kugel nicht beeinflussen kann, voll und ganz in Fortunas Hand begibt. Das Gegenteil ist Schach, das ausschließlich von Strategie bestimmt ist und bei dem es überhaupt nicht vom Glück abhängt, ob man gewinnt oder verliert.

»Mensch ärgere Dich nicht« und Back Gammon sind zwar Würfelspiele, bei denen die Würfel nicht beeinflußbar sind, aber sie enthalten auch ein strategisches Element, das diese Spiele so interessant macht. Wahrscheinlich sind die Spielgeräte mit Gewinnmöglichkeit deshalb so attraktiv, weil auch bei Ihnen diese Mixtur von Glück und Einflußnahme (Stoptasten, Nachstarten usw.) gegeben ist, die dem Spieler den Eindruck vermittelt, sein Glück meistern zu können.

Rolf Hüllinghorst

An der Abstinenz als Therapieziel halte ich rigide fest

Rolf Hüllinghost, Hamm

Rolf Hüllinghorst, gelernter Kaufmann im Groß- und Außenhandel, hat mit 30 Jahren begonnen, Sozialarbeit zu studieren. Beim Paritätischen Wohlfahrtsverband war er zehn Jahre zuständig für die Betreuung von Mitgliedsorganisationen. Parallel dazu hat er schon immer in Gremien der Suchtkrankenhilfe mitgewirkt. Heute ist er Geschäftsführer der Deutschen Hauptstelle gegen die Suchtgefahren e.V. in Hamm.

Frage: Ist die Spielsucht, wie sie im Volksmund genannt wird, im Verständnis der Deutschen Hauptstelle gegen die Suchtgefahren (DHS) eine Sucht?

Hüllinghorst: Die DHS hat ein Papier verabschiedet, das »pathologisches Spielverhalten« überschrieben ist, aber das ist schon einige Jahre alt. Nach Gesprächen, die ich mit Kollegen aus der ambulanten und stationären Arbeit hatte, denke ich, daß es Fälle von Spielern gibt, in denen die Bezeichnung Sucht angemessen ist, wobei man sicher sehr sorgfältig differenzieren muß.

Von einer Kollegin, die ärztliche Leiterin sowohl einer psychosomatischen Klinik als auch einer Suchtklinik ist, weiß ich, daß sie viele Spieler in die psychosomatische Klinik aufnimmt, die eigentlich in der Suchtklinik besser zu behandeln wären. Der umgekehrte Fall dagegen ist eher selten. Weil Spielsucht oder pathologisches Spielen von der Rentenversicherung nicht anerkannt ist und im konkreten Einzelfall auch die Krankenkassen die Behandlung von Spielern unter dieser konkreten Diagnose ablehnen, werden die Patienten mit Zweit- und Drittdiagnosen in psychosomatische Kliniken eingewiesen, wo sie

Sucht – in manchen Fällen der richtige Begriff

In der Suchtklinik besser zu behandeln

Ein Abrechnungsproblem

131

jedoch – weil fehldiagnostiziert – nicht optimal behandelt werden können.

Keine generelle Festlegung

Ob es diese Einzelfallbeobachtung zuläßt, daß man problematisches Spielverhalten generell als Sucht bezeichnet, da will ich mich nicht festlegen. Wichtig ist mir, daß Menschen mit Problemen die Behandlung bekommen, die sie brauchen.

Frage: Jedenfalls sieht sich die DHS auch für jene Menschen zuständig, die Probleme mit dem Spielen haben?

Hüllinghorst: Im neuen Rahmenplan für Suchtberatungsstellen wird deren Zuständigkeit für Menschen und ihre Angehörigen, die Probleme haben mit Alkohol, Medikamenten, illegalen Drogen, Nikotin, Eßverhalten und Spielen – wobei die drei letztgenannten Bereiche neu aufgenommen werden – festgeschrieben.

Sucht-Definition

Frage: Wie definieren Sie Sucht?
Hüllinghorst: Wir brauchen jetzt sicher nicht die verschiedenen Definitionen der Weltgesundheitsorganisation herunterzubeten. Sucht ist für mich (mit Wanke) ein unabweisbares Verlangen nach einem bestimmten Erlebniszustand, dem alle

Kräfte des Verstandes untergeordnet sind und das soziale Schäden hervorruft. Diese Definition trifft voll auf problematisches Spielen zu.

Frage: Spieler werden in unserem Lande ja behandelt – und das nicht erst, seit der Medizinische Dienst der Spitzenverbände der Krankenkassen pathologisches Spielen auch versicherungsrechtlich als behandlungsbedürftiges Krankheitsbild anerkannt hat und die neue Psychotherapievereinbarung diese Behandlung regelt. Allerdings wird nach sehr unterschiedlichen Konzepten behandelt. So behandeln beispielsweise Verhaltenstherapeuten Spieler mit nachgewiesenem Erfolg. Ein zweites Konzept ist die tiefenpsychologisch orientierte Psychotherapie, die – ebenso wie die Verhaltenstherapie – in aller Regel ambulant erfolgt. Und schließlich gibt es eine Therapie in Form der Suchtbehandlung. Gibt es in Ihrem Verständnis für einen Problemspieler *die* Behandlung schlechthin?

Hüllinghorst: Ich denke, weder für Spieler noch für andere Suchtkranke gibt es *die* Therapie schlechthin. Ich gehe davon aus, daß Sucht eine Individualbehandlung erfordert und sich sowohl die

Vielfältiges Therapie-Angebot

Individual-Behandlung

Der Kampf um Marktanteile...

...wird sich dramatisch verschärfen

Beratungs- und Behandlungsstellen als auch die Fachkliniken stärker als bisher auf Individualbehandlungen einstellen müssen.

Wenn Sie die verschiedenen und konkurrierenden Therapiekonzepte ansprechen, dann spiegelt sich darin nicht primär eine unterschiedliche Einschätzung des pathologischen Spielens, sondern in Wahrheit eine unterschiedliche Einstellung zur Grundproblematik der Sucht. Was ganz real dahintersteckt, ist der Kampf um Marktanteile in der Behandlung von Abhängigkeitskranken, der sich in den nächsten Jahren noch dramatisch verschärfen wird. Die Frage ist, ob ich Sucht als eigenständige Krankheit definiere oder ob ich im süchtigen Konsum oder Verhalten das Symptom einer tiefer liegenden Grundstörung sehe.

Frage: Schließt man sich der zweiten Betrachtungsweise an, dann könnte doch gleichsam als Begleiteffekt das Symptom des pathologischen Spielens verschwinden, wenn die Grundstörung zielgerichtet und erfolgreich behandelt worden ist. Wäre dann nicht dem pathologischen Spielen das Stigma der Chronizität und der Unheilbarkeit genommen?

Hüllinghorst: Aus fachlicher Sicht mag eine solche Betrachtungsweise zwar legitim sein, aber ich halte sie für gefährlich. Denn ich denke, daß es kaum möglich ist, z. B. Alkohol, Drogen und Spielen unverbunden nebeneinander stehen zu lassen und für jedes Problem eigene Strategien zu entwickeln. Es wird vielmehr darum gehen müssen, ein Gesamtkonzept zu entwickeln, das auf alle Patienten anwendbar ist, die z. B. in eine Beratungs- und Behandlungsstelle kommen.

Frage: Gerade noch haben Sie sich für eine Individualisierung der Therapie ausgesprochen...

Hüllinghorst: Das ist nicht der Punkt. Wenn ich mir die verhaltenstherapeutische Behandlung von Spielern ansehe, wie sie beispielsweise Prof. Hand in Hamburg praktiziert, dann ist für mich entscheidend, daß Abstinenz bei seiner Behandlung weder Therapievoraussetzung noch Therapieziel ist. Wenn ich das auf den Alkohol übertrage, dann glaube ich kaum, daß es mehr als 10 bis 20 Prozent Alkoholiker gibt, die nach entsprechender Therapie und unter vernünftigen sozialen Rahmenbedingungen kontrolliert oder angepaßt und unauffällig

Gefährliche Betrachtungsweise

Keine Abstinenz zu verlangen...

trinken können, ohne erneut rückfällig zu werden.

Wenn ich ein solches Therapieangebot beispielsweise in einer Selbsthilfegruppe unterbreite, dann wollen alle 100 Prozent der Betreuten zu diesen 10 oder 20 Prozent gehören – ich provoziere also 80 oder 90 Prozent Rückfälle, was ich für gefährlich und eigentlich für unverantwortlich halte.

Frage: Also verlangen Sie in jedem Fall Abstinenz?
Hüllinghorst: Ja, da bin ich in meiner Einstellung sehr rigide. Und noch etwas anderes: Wenn der Kollege Hand vernünftig behandelt und tieferliegende Grundstörungen beseitigt hat, kann es doch für seinen Patienten eigentlich keinen guten Grund mehr geben, erneut – jetzt allerdings kontrolliert – am Daddelautomaten zu spielen, denn das ist weder ein Erfolgserlebnis, noch hat man irgendeine Steuerungsmöglichkeit, den Gewinn zu beeinflussen.

Frage: Meinen Sie nicht, daß die freie Entscheidung des ehemaligen Problemspielers, ob er nach der Therapie noch spielen möchte oder nicht, ein Zugewinn an Lebensqualität ist? Ich jedenfalls halte Autono-

---

...ist gefährlich und unverantwortlich

Rigide Einstellung

Autonomie oder Leben mit einem Verbot?

mie, in der ja ein freiwilliger Verzicht durchaus möglich ist, für erstrebenswerter als das Leben mit einem von außen diktierten und kontrollierten Verbot.

Wenn man Abstinenz nicht gleichzeitig als Therapieziel und als Therapievoraussetzung definiert, hält man doch sicher auch mehr Therapiewillige bei der Stange, als wenn man die höchste Hürde noch vor dem Therapiebeginn aufbaut.

Hüllinghorst: Im Alkoholbereich ist eine Therapie unter Strom kaum möglich, das ist beim Spielen sicher anders. Wenn ich Ihre Frage nach der Autonomie und dem freiwilligen Verzicht höre, dann habe ich den Eindruck, daß im Kreis der Menschen, die sich theoretisch mit Sucht oder mit Varianten der Sucht beschäftigen – durchaus auch im Kreis der Therapeuten –, völlig andere Denkmuster ablaufen als im Kreis der Konsumenten. Wenn Sie das noch einmal in den Alkoholbereich übertragen, dann sagen Sie wahrscheinlich, für einen ehemaligen Alkoholiker sei es doch ein Zugewinn an Lebensqualität, wenn es ihm nach der Therapie freigestellt ist, abends nach getaner Arbeit zur Entspannung ein Gläschen Wein zu trinken.

Höchste Hürde am Anfang

Theoretiker mit falschem Denkmuster

Zwei verschiedene Welten

Der Mitmensch aber, der heute in einer Selbsthilfegruppe ist, hat in der Regel dieses Glas Wein noch nie genußvoll getrunken. Außerhalb der Szene ist das eine Glas Wein geradezu ein Statussymbol, in den Selbsthilfegruppen sieht es völlig anders aus.

Ich denke also, daß wir die Therapieziele von denen her definieren müssen, für die wir sie entwickeln, nicht aber vom persönlichen Lebensverhalten der Therapeuten und einer priviligierten Mittelschicht her.

Frage: Für mich ist nach wie vor ein freiwilliger Verzicht mehr wert als ein Verzicht, der ausschließlich aufgrund eines Verbotes geübt wird. Ist denn für Sie die Autonomie des Individuums kein erstrebenswertes Ziel?

Ich sehe ein, daß ich nicht darf

Hüllinghorst: Das beschreibt doch nur unsere halbe Therapie. Ich muß am Ende der Therapie vom »ich darf nicht« zum »ich sehe ein, daß ich nicht darf« gekommen sein, sonst ist die Therapie noch nicht abgeschlossen.

Wie lange Selbsthilfe?

Frage: Wie lange dauert die Mitgliedschaft in einer Selbsthilfegruppe? Wenn Sucht als chronische Erkrankung verstanden wird – und so ist es ja bei den Anonymen Alkoholikern –, dann müßte die Selbsthilfegruppe eine ebenfalls chronische Lebensbegleitung sein.

Hüllinghorst: Das ist eine ganz entscheidende Frage: Wie lange ist es Selbsthilfe, wann wird es Lebensbegleitung oder wie immer Sie es nennen wollen. Ich halte es schon für wichtig, daß man bei Selbsthilfegruppen auch deren Ende definiert. Wenn ich nach 25 Jahren noch immer sage »ich bin Helmut und Alkoholiker«, dann bin ich für mein Gegenüber, der mit seinem Problem in die Gruppe kommt, genauso weit von seiner Situation entfernt wie jemand, der nie getrunken hat. Wenn ich die Erlebensbeziehung zur Situation nicht mehr habe, dann habe ich auch die erforderlichen Annahmekräfte nicht mehr.

Frage: Wenn Sie zum Thema Problemspieler unbegrenzt Geld zur Verfügung hätten, wie würden Sie es unter präventiven Aspekten investieren?

Hüllinghorst: So herum würde ich nicht denken. Ich glaube nicht, daß es eine Frage der Mittel ist, sondern eine Frage der Macht und des politischen oder des gesellschaftlichen Wollens. Wenn ich die Macht

Das Ende muß definiert sein

Das Angebot einschränken

dazu hätte, würde ich das Angebot einschränken.

Frage: Heißt das, Sie würden Spielautomaten verbieten?

Hüllinghorst: Das habe ich nicht gesagt. Mein Punkt ist, daß Prävention volkswirtschaftlich nie sinnvoll sein kann, wenn man nur auf der Nachfrage-Seite ansetzt und nicht versucht, auch die Angebots-Seite zu beeinflussen.

Ich denke, im Bereich der Automaten gibt es diesbezüglich eine ganze Menge von Ansätzen. Die Höhe des Einsatzes ist hinterfragbar, ebenso die Frage der fehlenden Beeinflußbarkeit der Gewinnmöglichkeit bis hin zur höheren Besteuerung der Aufsteller und Hersteller solcher Automaten.

Frage: Wie könnte analog beim Alkohol die Veränderung der Angebots-Seite aussehen? Denn der Alkohol stellt ja wohl rein quantitativ ein wesentlich größeres Problem dar als das Spielen.

Hüllinghorst: Wenn immer wieder gesagt wird, die Prohibition sei gescheitert, dann ist das eine sehr verkürzte Aussage, die so nicht stimmt. Als noch heute spürbare Auswirkung dieser Verbotsphase – die wir

---

Prävention unter volkswirtschaftlichen Aspekten

Höhere Steuern

Die Prohibition ist nicht gescheitert

so sicher nicht haben wollen – liegt der durchschnittliche Konsum der Amerikaner bei vier bis sieben Litern pro Kopf und Jahr, während er bei uns zwölf Liter beträgt. Und unbestreitbar steigt bei steigender Konsumhöhe die Schadenshöhe überproportional. Als wir Deutschen noch acht Liter konsumierten, hatten wir 500.000 behandlungsbedürftige Alkoholiker; heute, bei einem um 50 Prozent erhöhten Konsum, hat sich die Zahl der Alkoholiker auf 1,5 Millionen verdreifacht. Diese Zahlen beziehen sich lediglich auf die alten Bundesländer.

Glückliches Amerika

Da wir keine Prohibition wollen, kann es für uns nur darum gehen, Maßnahmen zu finden, die den Gesamtkonsum senken. Hier sind Fragen zu stellen, die auf den Alkoholpreis zielen, auf die Werbung, die Griffnähe, die Verfügbarkeit wie z. B. den Verkauf in Selbstbedienungsläden, Tankstellen usw.

Der Konsum muß gesenkt werden

Frage: Könnte der Staat, könnte die Gesellschaft, statt zu reglementieren, nicht durch die Entwicklung von Attraktivitäten dafür sorgen, daß solche Tätigkeiten wie das keine Kompetenz erfordernde Spielen an einem Geldspielauto-

Alternative zu Verboten?

maten für mehr Leute als bisher unattraktiv wird?
Hüllinghorst: Hmm.

Frage: Anders formuliert: Ich denke, daß ein Einstieg in ein von der gewünschten Norm abweichendes Verhalten umso leichter erfolgt, je weniger fest ein Individuum in seinem sozialen Umfeld verwurzelt ist, woraus Defizite in der Persönlichkeitsstruktur oder in der Triebregulation resultieren.

Fehlende soziale Wurzeln

Hüllinghorst: Das ist sicher richtig. Wir haben es beim problematischen Spielen mit Menschen zu tun, die eine Vielzahl von Störungen aufweisen, deren Ursachen sowohl in der Person als auch im Sozialen zu suchen sind.

Und damit hängt ein Problem zusammen, das ich in der Suchtkrankenhilfe immer wieder erlebe: Wir machen uns für zu viel zuständig. Wir sehen die Abhängigkeit der Menschen, die sich an uns wenden, eingebettet in ein Gefüge von Rahmenbedingungen und lassen uns dann – fast süchtig – auf diese Rahmenbedingungen ein, d. h. auf deren Änderung. Diese Aufgabe aber ist einfach zu groß. Wenn ich die Arbeitslosigkeit als eine Rahmenbedingung erkenne, die ein Indivi-

Wir machen uns für zu viel zuständig

duum in Richtung Sucht gefährdet, dann übernehme ich mich mit Sicherheit, wenn ich die Abschaffung dieser Rahmenbedingung als mein Hauptziel definiere.

Frage: Ich wollte eigentlich darauf hinaus, daß sicherlich in einer Vielzahl von Fällen der exzessive Konsum oder das exzessive Verhalten lediglich Symptom einer vorhandenen Störung ist...
Hüllinghorst: ...richtig!

Frage: ...und daß es konsequenter wäre, zielgerichtet diese Störung zu behandeln, anstatt am Symptom herumzudoktern.
Hüllinghorst: Wenn das möglich ist! Bei Sucht spielen das Mittel (das mag beim Spielen anders sein), die Persönlichkeit und die Gesellschaft eine Rolle. Wenn Sucht nach diesem Modell entsteht, dann müßte man dieses Modell auch auf die Behandlung übertragen. Wenn das Mittel körperliche Schäden hervorgerufen hat, dann wird der Patient ins Krankenhaus eingeliefert und ärztlich behandelt. Dann folgt die Therapie der Person in der Entwöhnungsbehandlung und in der Selbsthilfegruppe. Diese beiden Schritte entsprechen, wenn es optimal läuft,

Nur Symptom einer vorhandenen Störung

Ein Modell auch für die Behandlung

Vorprogrammierter Mißerfolg

unserer traditionellen Suchtkrankenbehandlung.

Die gesellschaftlichen oder sozialen Faktoren, etwa Obdachlosigkeit oder Arbeitslosigkeit oder zerrüttete Familienverhältnisse, werden an andere Dienste delegiert und nicht vom medizinischen Dienst bearbeitet. Wenn ich einen Patienten in seinem sozialen Umfeld aber nicht stabilisieren kann, wenn ich ihn aus der Fachklinik oder der ambulanten Psychotherapie entlasse, ohne ihm Wohnung und Arbeit geben zu können, dann ist der Mißerfolg meiner Therapie vorprogrammiert.

Andreas Schulze

Hochinteressante und spannende Gespräche

Andreas Schulze, Wolfsburg

Der Verhaltenstherapeut und Diplom-Psychologe Dr. Andreas Schulze leitet seit 12 Jahren die Fachambulanz des Diakonischen Werks e.V. Wolfsburg, ist seit 1986 in niedergelassener Praxis tätig und seit 1993 Lehrbeauftragter der Universität Bonn. Das wissenschaftliche Hobby des gebürtigen Leipzigers ist die Suizid-Forschung. Daneben betreut er seit vielen Jahren mit großem Engagement auch Patienten, die mit dem Automatenspiel Probleme bekommen haben.

Frage: Was war für Sie das wichtigste Ergebnis Ihrer Ein-Jahres-Studie »Pathologisches Glücksspiel in Wolfsburg«?

Schulze: Selbst nach jahrzehntelanger Dauer des pathologischen Glücksspiels kann durch stringente verhaltenstherapeutische Intervention in 80% der Fälle eine durchgreifende Besserung beziehungsweise Auflösung des Symptoms erfolgen. Dies widerlegt eindeutig die immer wieder vorgetragene These von der sog. Spielsucht, der die armen Opfer hilflos ausgeliefert seien. Entscheidend ist, daß sich die Lebenszufriedenheit wesentlich erhöht, wenn ein Symptom, über das man zunächst keine Kontrolle zu haben glaubte, durch Veränderung eigener Einstellungen und Verhaltensmuster kontrollierbar wird. Dann läßt auch der aktuelle Streß nach und die Belastbarkeit für andere Aufgaben wächst.

Keine hilflosen Opfer

Frage: In Ihrem Forschungsbericht geht es mit 10 Patienten um eine sehr geringe Fallzahl und mit einem Jahr auch nur um eine relativ kurze Beobachtungszeit. Wie aussagefähig sind die Studien-Ergebnisse?

Schulze: Bei relativ selten auftretenden Phänomenen sind auch geringe Fallzahlen aussagefähig, obgleich

Ein seltenes Phänomen...

natürlich Vorsicht geboten ist bei der Übertragung auf viel größere Populationen. Auf der anderen Seite wollten wir sehen, was innerhalb eines Jahres in diesem relativ gut überschaubaren Gebiet passiert. In Wolfsburg und Umgebung ist das Diakonische Werk der einzige Anbieter therapeutischer Hilfe für pathologische Spieler und deshalb dient die Studie auch als Bestandsaufnahme zur Frage der Größenordnung. Alle Patienten, die von Februar 1992 bis Februar 1993 bei uns wegen ihrer Spielprobleme behandelt wurden, sind in die Studie aufgenommen worden.

Frage: Dann spricht die niedrige Fallzahl dafür, daß problematisches Spielen hier im Umkreis nur relativ wenige Menschen betrifft?

Schulze: Bezogen auf die Einwohnerzahl ergab sich eine Prävalenzrate von unter 8 bezogen auf 100.000 Einwohner im Jahr. Diese Größenordnung entspricht in etwa der von *Bühringer* und *Konstantin* 1989 großflächig ermittelten und zeigt, daß es sich nicht nur um ein speziell in unserem Raum seltenes Problem handelt, sondern daß sich auch die gesamte öffentliche Diskussion auf einen im Grunde ge-

...nicht nur in Wolfsburg

nommen verschwindend kleinen Teil aller Spieler bezieht, wenn man bedenkt, daß in den letzten Monaten etwa 4,6 Millionen Menschen an 30- bzw. 40-Pfennig-Automaten gespielt haben.

Frage: Die therapeutischen Hilfsangebote für Spieler sind sehr unterschiedlich. Was spricht für die Verhaltenstherapie?
Schulze: Pathologisches Spielen ist keine eigenständige Krankheitseinheit und deshalb ist eine langfristig stabilisierende Behandlung dieses Symptomverhaltens nur durch eine Behebung der ursächlichen Störung zu erreichen. Eine Abstinenz fordernde Therapie, die das Symptomverhalten lediglich unterdrückt, kann langfristig nicht zum Erfolg führen, was auch die hohen Abbruchraten in Selbsthilfegruppen für Spieler zeigen. Für Verhaltenstherapie und gegen therapeutischen Nihilismus spricht ebenfalls die ermittelte Rückfallrate von 97% bei unbehandelten exzessiven Spielern gegenüber nur 20% in unserer Wolfsburger Studie.

Frage: Sind pathologische Spieler für Sie ganz besondere Patienten, die aus dem üblichen Rahmen auf

Keine eigenständige Krankheit

Hohe Abbruchraten

Eine spannende Sache

Grund ihrer Persönlichkeitsstruktur fallen?
Schulze: Nein. Diese Patienten kommen zu uns, wenn sie merken, daß sie mit ihrem Problem selbst nicht mehr klarkommen oder keine Möglichkeit hatten, sich über ihr Problem zu unterhalten. Jeder Patient wird im Grunde nach dem gleichen Muster angeschaut: Es muß geklärt werden, welches Modell der Patient von seinen Problemen im Kopf hat und wo die Fehler des Modells von der Welt liegen, nach dem er sich in der Wirklichkeit orientiert. Wir müssen dann versuchen, diese Fehler zu reparieren, müssen feststellen, an welchem Punkt die Landkarte von der Welt dieses Patienten nicht stimmig ist. Sie können sich vorstellen, wie spannend diese Suche sein kann.

Häufiges Eingangsmuster

Frage: Gibt es ein Schema, nach dem Sie die Suche nach den ursächlichen Problemen beginnen?
Schulze: Im Regelfall ist es so, daß Patienten erscheinen und sagen, »ich bin spielsüchtig. Es kommt einfach über mich, zieht mich in die Spielhalle und ich kann überhaupt nichts dagegen tun«. Das ist ein ganz häufiges Eingangsmuster.

Frage: Kurz zwischengefragt: Warum bezeichnen sich diese Patienten selbst als spielsüchtig?

Schulze: Das ist sehr einfach, da in den Medien immer wieder behauptet wird, daß es furchtbar viele Spielsüchtige gibt. Es ist auch sehr bequem argumentiert, denn es ist ein erstes Alibi, wobei den Patienten allerdings nicht klar ist, daß es sich lediglich um eine Alibifunktion handelt, wenn man das Problem als Sucht einstuft, gegen die man machtlos ist. Der Patient sieht sich als Opfer eines Prozesses, dem er hilflos ausgeliefert ist. Zunächst unterstütze ich ihn in dieser Sicht der Dinge, stelle sie dann allerdings in Frage, weil er in erster Linie nicht Opfer, sondern Täter ist. Erst sekundär ist er auch Opfer seiner Handlungen. Der entscheidende Schritt im therapeutischen Prozeß passiert im Regelfall in der ersten Stunde, in der aufgedeckt werden kann, daß er Täter ist, für sich, seine Entscheidungen und Handlungen zuständig und verantwortlich.

Frage: Wie gehen Sie damit um, wenn ein Patient diesen Rollentausch vom Opfer zum Täter nicht akzeptieren will?

Ein erstes Alibi

Primär Täter

Der Rollentausch funktioniert immer

Schulze: Ich habe noch nie erlebt, daß jemand nicht dorthin gekommen ist, dies zu akzeptieren. Damit erfolgt übrigens keine Schuldzuweisung, sondern es ist eine Klärung von Zuständigkeit und Verantwortlichkeit. Nicht geklärt ist damit, warum er exzessiv spielt. Als nächstes ist deshalb die Genese zu klären wie bei jeder anderen Verhaltensstörung auch: Woher kommt das Verhalten?

Frage: Können Sie anhand eines konkreten Beispiels veranschaulichen, wie der Einstieg in die Therapie abläuft?

Streß mit der Freundin

Schulze: Ein noch relativ junger Mann kam zu uns, der zunehmend mehr Streß mit seiner Freundin bekam, weil sie spitz bekommen hatte, daß dauernd das Geld knapp war. Sie sagte »entweder tust Du etwas dagegen oder wir sind getrennte Leute«. Das war für ihn ein bedrohlicher Zustand und er fühlte sich bemüßigt, auf Grund dieser extrinsischen Motivation – er kam ja zunächst nicht aus Eigenantrieb – etwas zu unternehmen. Ein sehr

Spannender als das Spielen

spannendes Gespräch entwickelte sich, auch für ihn, das offensichtlich interessanter als das Spielen war, denn er kam wieder. Für den jungen

Mann stellte sich sein Spielproblem plötzlich völlig anders dar, als er es sich in seinem Kopf mit all seinen Entschuldigungen zurechtgelegt hatte: Es war kein Prozeß mehr, den er nicht beeinflussen konnte.

Frage: Wie haben Sie seine ursächlichen Probleme aufgedeckt?
Schulze: Auf der Suche nach dem Punkt, wo die Fehler in seinem Modell von der Welt lagen. Dabei ging es um Beziehungsprobleme, mit denen er effektiv nicht klar kam. Auf Grund einer sehr schwierigen Kindheit hatte er nie gelernt, angemessene soziale Kontakte aufzubauen.

Frage: Konnten Sie ihm spezielle Fehler, die er im Umgang mit anderen Menschen beging, aufzeigen?
Schulze: Ich glaube nicht, daß jemand etwas falsch oder richtig machen kann, weil es immer viele Möglichkeiten gibt, ein bestimmtes Ziel zu erreichen. Was aus dem einen Blickwinkel falsch ist, kann aus einem anderen völlig richtig sein. Die Frage war, ob seine Landkarte von der Welt, nach der er sich richtete, mit der Welt außen hinrei-

Fehler im Modell von der Welt

Übereinstimmung mit der Welt außen

chend gut übereinstimmte. Und genau das war nicht der Fall.

Frage: Was hat ihm die Orientierung in der Welt außen so schwer gemacht?

Schulze: Er hatte nie Verantwortung für sich selbst übernommen. Als Kind konnte er es nicht, weil ein extrem autoritäres Elternhaus ihm immer vorschrieb, was er zu tun hatte. Sehr zeitig stolperte er dann in die erste Beziehung als Flucht von zu Hause weg, hatte aber überhaupt nicht gelernt, sein Leben eigenverantwortlich zu gestalten und war deshalb folgerichtig in der Beziehung völlig passiv. Wenn jemand nie gelernt hat, Verantwortung zu übernehmen, gibt es zwei denkbare Hintergründe, die immer wieder auch bei suizidalen Patienten auftauchen: autoritäre und überraschenderweise auch hyperprotektive Elternhäuser. In beiden Arten von Familien können Kinder keine Eigenverantwortung lernen.

Frage: Wie bringen Sie Ihren Patienten bei, Verantwortung für sich selbst – und letztlich auch für andere – zu übernehmen, denn Ihre Ergebnisse sprechen dafür, daß Ihnen dies häufig gelingt?

Nie Verantwortung übernommen

Autoritäre oder hyperprotektive. Elternhäuser

Schulze: Das ist eine Frage der therapeutischen Kompetenz. Zunächst ist die Entwicklung des Problems zu klären und für den Patienten nachvollziehbar zu machen und dann müssen entsprechende Schlußfolgerungen und Konsequenzen gezogen werden.

Es geht um einen Ausschnitt aus der Landkarte, für den der Patient zwar ein Bild hat, praktisch aber nicht damit zurechtkommt, so daß für ihn ein besserer Weg gefunden werden muß. Es kann niemals sein, daß er meine Landkarte an Stelle seiner setzt. Auch für ihn gibt es keine fertige Landkarte, sondern die Modelle von der Welt sind immer subjektiv und müssen subjektiv stimmig sein. Und das ist die »therapeutische Kunst«, dem Patienten für sich selbst zu ermöglichen, diese Landkarte so zu verändern, daß er sich an dieser Stelle in der Wirklichkeit besser zurechtfindet. Dabei handelt es sich immer um ein individuelles, nicht um ein standardisiertes Vorgehen. Der Patient muß von sich aus sein Problem und die Genese seines Problems erkennen und begreifen. Ich werde sein Modell, von dem ich annehme, daß es in einer bestimmten Struktur fehlerhaft ist, solange in Frage stellen, bis wir eine einver-

Klären des Problems...

...zum besseren Zurechtfinden

nehmliche Klärung erreichen. Das sind zum Teil sehr schwierige, auch langfristige und oft sehr spannende Prozesse.

Frage: Wieviele Therapiestunden sind im Regelfall bei pathologischen Spielern notwendig, um zu einer einvernehmlichen Klärung zu gelangen?

25 Stunden

Schulze: Selten mehr als 25 Stunden.

Frage: Spricht dieser Zeitfaktor nicht auch dafür, daß pathologisches Glücksspiel mit einer Psychose nicht auf eine Stufe zu stellen ist?

Das Symptomverhalten verändern

Schulze: Richtig. Ich habe einen chronisch schizophrenen Patienten, der sekundär auch zu spielen anfing und damit weitgehend aufgehört hat. Er ist natürlich weiterhin schizophren, aber wir haben neben der deshalb notwendigen Pharmakotherapie die Dinge, die zum speziellen Symptomverhalten des exzessiven Spielens führten, fokussiert und verändert. Er hat es geschafft, sie zu verändern, weil sein problematisches Verhalten für ihn nachvollziehbar wurde.

Frage: Im Vergleich zu den Behandlungszeiten anderer Therapeuten schaffen Sie das Behandlungsziel in verblüffend kurzer Zeit...

Schulze: ...zum Teil werden Patienten mit Spielproblematik auch analytisch behandelt – und das dauert einfach länger. Verhaltenstherapie ist etwas sehr Lebendiges. Ihre ersten Anfänge habe ich noch während meines Studiums 1970/71 mitbekommen. Von damals bis heute hat die Verhaltenstherapie eine enorme Wandlung durchgemacht. Es gibt eine Menge neuer Erkenntnisse und insbesondere ist Verhaltenstherapie nicht nur am beobachtbaren Verhalten orientiert, sondern zunehmend auch an den kognitiven Prozessen, die auch relativ gut beschreibbar sind. Es gibt natürlich auch verschiedene Modelle. Vor einiger Zeit noch meinte *Carl Rogers*, Therapeuten seien die »Geburtshelfer für den neuen Menschen« oder die »Gärtner, die das Pflänzchen hegen und pflegen«. Hierzu meinte *Farelly* nach Jahren entnervt: »Ich will kein Geburtshelfer sein und auch kein Gärtner, ich will diese "tauben Nüsse" knacken.« Er hat eine sehr beeindruckende, frische Art, Probleme anzugehen. Von ihm habe ich viel gelernt.

Eine sehr lebendige Therapie

Geburtshelfer und Gärtner?

Frage: Wie ging es mit Ihrem Patienten, der keine Verantwortung übernehmen konnte, weiter?

Schulze: Genau das war sein Hauptproblem, das wir schnell geklärt haben, und damit veränderte sich sein Bild von sich selbst. Es ging zunächst um den Aufbau von Selbstsicherheit und sozialer Kompetenz und um die Meinung, die er über sich selber hatte. Daraus ergaben sich Konsequenzen für all seine sozialen Beziehungen: Er lernte, Wünsche und Bedürfnisse zu artikulieren und veränderte die Distanz zu seinen Mitmenschen.

Sehr gern benutze ich in diesem Zusammenhang das Bild vom sehr labilen Mobile, das ziemlich durcheinander gewirbelt wird, wenn der Wind pustet, sich aber nach einiger Zeit wieder ausbalanciert. Familiäre Strukturen lassen sich damit sehr gut vergleichen. Wenn jemand beispielsweise »eine Flasche an den Füßen« hat oder einen Spielautomaten, dann hängt das Mobile schief, kommt aus dem Gleichgewicht. Folglich bemüht sich das ganze System, also die Familie, das Gleichgewicht insofern zu stabilisieren, indem die Distanzen verändert werden. Befreit sich der Betroffene irgendwann von der Flasche oder

---

Marginalien:

Aufbau von Selbstsicherheit und sozialer Kompetenz

Labiles Mobile als guter Vergleich

dem Automaten, hängt das familiäre Mobile wieder schief und es dauert eine lange Zeit, bis sich das System neu organisiert und stabilisiert hat.

Je mehr miteinander gesprochen wird, desto einfacher und schneller läuft dieser Prozeß ab. Bittet man eine Familie, die wenig miteinander redet, ein schiefhängendes Mobile auszubalancieren, ohne zu kommunizieren, ist es fast unmöglich, denn jeder versucht etwas, ohne den Plan des anderen zu kennen. Wie wichtig Kommunikation ist, zeigt diese in familientherapeutischen Sitzungen beliebte Übung.

Gespräche verkürzen den Prozeß

Frage: Gespräche mit den Angehörigen sind demnach das Mittel der Wahl bei mangelnder Kommunikation?
Schulze: Die Angehörigen kommen häufig gern; meist mit hohen Erwartungen. Im Bereich von Abhängigkeitskrankheiten gibt es ähnliche Verhaltensmuster, wo Angehörige versuchen, jede schädliche Folge, jede Verantwortung vom Betroffenen wegzunehmen und damit im Grunde alles noch schlimmer machen. Es braucht eine lange Zeit, bis sich ein solches System wieder neu organisieren kann, weshalb sich

Neue Organisation dauert lange

auch im Rahmen einer Studie mit einjährigem Beobachtungszeitraum dieser Prozeß nicht bei allen nachweisen läßt.

Frage: *Bühringer* und *Herbst* konnten nachweisen, daß die Spielintensität bei vielen wellenförmig verläuft und die Problemstärke zeitversetzt ebenfalls wellenförmig ab- und zunimmt. Haben Sie ähnliche Beobachtungen gemacht?
Schulze: Das ist sicher nicht generell so. Pathologisches Spielen bietet ein sehr buntes Spektrum. Leute, die über kein Geld mehr verfügen, hochverschuldet sind oder wenig Einkommen haben und damit in der Höhe der Neuverschuldung begrenzt sind, können nicht mehr spielen.

Frage: Es sei denn, sie beschaffen sich das nötige Geld auf illegalem Weg...
Schulze: ...das tun nur die allerwenigsten.

Frage: Sagen Sie...
Schulze: ...ja, zumal die Unterstellung von delinquentem Verhalten eine sehr bequeme Behauptung ist. Die Praxis sieht anders aus. Allerdings behält derjenige, der aus

Ein sehr buntes Spektrum

Bequeme Behauptung

Geldmangel nicht spielen kann, das Problem in seinem Kopf. Wird es nicht geklärt, wird er, wenn er wieder zu Geld kommt, wieder vermehrt spielen.

Frage: Das Spielen ist also der angenehme leichte Weg, um von ungeklärten Problemen abzulenken?
Schulze: So ist es und es gibt viele Ablenkungsmanöver, Möglichkeiten, die individuelle Freiheit zu verlieren. Manche Leute geben sehr viel Geld für extravagante Autos aus, andere für repräsentative Häuser, die sinnlos teuer sind, andere für Sex oder weite Reisen. Sie alle müssen in anderen Lebensbereichen große Einbußen in Kauf nehmen, d. h. sehr hohe Freiheitsverluste. Insofern ist Spielen nur ein Freiheitsverlust von vielen. Wenn aber jemand trotz eines Freiheitsverlustes mit sich zufrieden ist, stellt sich für mich kein therapeutisches Problem.

Frage: Sie schreiben in Ihrer Arbeit, daß psychische und/oder psychiatrische Störungen bei pathologischen Spielern zum Teil zu sehr negativen Konsequenzen führen können. Wie meinen Sie dieses »sehr negativ«?

Viele Ablenkungsmanöver

Nur ein Freiheitsverlust von vielen

Etwas sehr Teures

Magersüchtige benötigen weniger Geld

Schulze: Wenn Sie es von der Kostenseite her sehen, ist pathologisches Spielen auf jeden Fall etwas sehr Teures. Es gibt andere Störungen, z. B. depressive, die wesentlich »kostengünstiger« für die Patienten sind.

Frage: Wir sprechen aber vom exzessiven Spielen am Daddelautomaten, nicht im Casino...
Schulze: ...ja, aber wenn jemand sehr intensiv spielt und dies über lange Zeit, kann es sehr teuer werden. Wer beispielsweise magersüchtig ist und die Nahrung verweigert, kommt finanziell gesehen wesentlich billiger davon. Die Verschuldung über teilweise lange Zeiträume hinweg hat schon entscheidende Konsequenzen, weil die Leute, die dann ihre Schulden über Jahre hinweg abtragen müssen, wenig Chancen haben, ein für sie angemessenes Leben zu führen.

Frage: Einer Ihrer Patienten hat sehr lange gespielt...
Schulze: Die Gespräche mit diesem sehr differenzierten Patienten waren hochinteressant und gingen sehr tief. Nach einer Spieler-Karriere von 20 Jahren hat er es geschafft, davon loszukommen. Ich habe

kürzlich noch mit ihm gesprochen: Er ist völlig weg vom Spielen, denn er hat das zugrundeliegende Problem für sich gelöst. Er hat das Muster, nach dem er Beziehungen einging, geändert. Der entscheidende Schritt für diesen Patienten war die Einsicht, daß er selber Entscheidungen treffen kann, die zu Konsequenzen führen, und daß er nicht nur Opfer seiner Erziehung ist, sondern als erwachsener Mensch auch dazu in der Lage, die Dinge für sich zu verändern, wenn er sie verändern will.

Frage: Wie stehen Sie zu dem Therapiemodell der Deutschen Hauptstelle gegen die Suchtgefahren, pathologische Spieler wie alle anderen Abhängigen nach einem vereinheitlichten, Abstinenz fordernden Schema zu behandeln?
Schulze: Wer versucht, sehr komplizierte Dinge zu simplifizieren, wird Wesentliches dabei aus dem Auge verlieren. Je vollständiger mein Bild ist, desto angemessener können meine therapeutischen Reaktionen sein. Es kommt immer darauf an, ein möglichst qualifiziertes Bild von den Problemen zu bekommen, um differenziert reagieren zu können.

Völlig weg vom Spielen

Das Wesentliche nicht aus dem Auge verlieren

Keine Entzugssymptomatik

Frage: Wenn ein Patient mit einer stoffgebundenen Sucht seinen Stoff nicht mehr bekommt, stellen sich automatisch Entzugssymptome ein. Gibt es bei pathologischen Spielern, die nicht mehr spielen – aus welch' Gründen auch immer – entsprechende Symptome?

Schulze: Entzugssysmptomatik gibt es nur bei Süchtigen – nicht bei exzessiven Spielern, weil es sich dabei um keine Sucht handelt.

Frage: Es gibt keinen Stoff mit Abhängigkeitspotential, es gibt keine Entzugssymptomatik, es ist keine Sucht...

Für die WHO ist es keine Sucht

Schulze: ...das hat die WHO inzwischen auch so verstanden. Aber es gibt einige wenige Leute, die das immer noch nicht wissen oder sich für klüger halten als die Weltgesundheitsorganisation. Weil Spielen keine Sucht ist, ist es auch völlig unbedeutend, ob der Betroffene irgendwann einmal wieder 10 oder 100 Mark verspielt. Wenn er im Vorfeld die auslösenden Dinge verändert hat, wird er niemals weiterspielen, weil er das nur auf Grund seiner damals pathogenen Struktur getan hat. Stattdessen wird er seiner früheren Hilflosigkeit durch erfolgreichere Denk- und Verhaltensmuster begegnen, die er inzwischen gelernt hat. Erheblich schwieriger ist es, wenn beispielsweise ein Alkoholiker rückfällig wird, einen Kontrollverlust hat und sehr rasch auf Grund der biochemischen Prozesse weitertrinkt. Das ist ein Baustein der Sucht: Auch gegen den eigenen Willen zu handeln. Das machen wir uns oft nicht klar. Und genau dies ist beim Spielen eindeutig anders.

Ein Baustein der Sucht

Iver Hand

Die »Suchtbehandlung« eines Spielers dringt nicht bis zum Kern seiner Erkrankung vor

Iver Hand, Hamburg

Professor Dr. med. Iver Hand, Leiter der Verhaltenstherapie-Ambulanz der Psychiatrischen und Nervenklinik des Hamburger Universitäts-Krankenhauses Eppendorf, behandelt mit seinen Mitarbeiterinnen und Mitarbeitern seit 1977 auch Spieler, und zwar nach einem Modell, das sich grundlegend von dem der »klassischen« Sucht-Therapeuten unterscheidet.

Frage: Lassen Sie uns das Thema des problematischen Vielspielens, über das wir uns vor Jahren schon einmal unterhalten haben, heute zunächst von einer anderen Seite beleuchten. Lassen Sie uns erst über die forensischen und dann über die psychiatrischen Aspekte sprechen, auch wenn die umgekehrte Reihenfolge sicher logischer wäre. Welche forensischen Auswirkungen hat es, ob ein Gutachter dem Suchtmodell oder Ihrem Neurosenmodell verhaftet ist?

Hand: In den letzten Jahren haben sich Begutachtungsaufträge an Psychiater oder Psychologen im Rahmen von Gerichtsverhandlungen gegen Personen, die delinquente Handlungen im Zusammenhang mit exzessivem Spielen begangen haben, gehäuft. Nicht selten beschränken sich diese auf die Fragestellung, ob eine sog. Spielsucht vorliege und dadurch die Schuldfähigkeit hinsichtlich der delinquenten Handlung als aufgehoben (§ 20 Strafgesetzbuch) oder vermindert (§ 21 Strafgesetzbuch) zu betrachten sei.

Pathologisches Spielen wird nach älteren, auch nach amerikanischen Vorstellungen öfter den stoffgebundenen Süchten gleichgesetzt;

Gutachten für die Gerichte

Kernpunkt ist die Schuldfähigkeit

»Sucht«-Gutachter wie z. B. Meyer beurteilen nach diesem Kriterium die Schuldfähigkeit für delinquente Handlungen bei Spielern. Laut Meyer soll eine ablehnende Haltung der Gerichte gegenüber einer Anwendung des § 21 StGB bei festgestellter Spielsucht die Ausnahme sein. Das steht, wenn Gerichte so urteilen, im Widerspruch zu einem Beschluß des Bundesgerichtshofes, nach dem pathologisches Spielen oder Spielleidenschaft für sich allein noch keine die Schuldfähigkeit einschränkende seelische Störung darstellt.

Frage: Hat die Frage, ob ein Gutachter auf der Basis des Suchtmodells oder des Neurosenmodells urteilt, abgesehen vom Strafmaß auch prognostische Konsequenzen für den delinquenten Spieler?

Konsequenzen aus dem Suchtmodell

Hand: Die Gutachter, die dem Suchtmodell folgen, haben folgendes Erklärungsmuster für pathologisches Spielen und delinquentes Verhalten: Nach einigen zufälligen Kontakten mit der Spielsituation wird der genetisch bereits angelegte, noch verdeckte Spielsüchtige zum manifest und lebenslänglich Spielsüchtigen. Das betroffene Individuum kann nur noch im Rahmen des Behandlungsmodells der Selbsthilfegruppen der Anonymen Spieler die Verhaltenskonsequenzen unterbinden. Gelingt dies nicht, dann *muß* der Spieler solange spielen, bis kein Geld mehr zur Verfügung steht und er folglich nicht mehr spielen kann. Das führt zu so unerträglichen Entzugssymptomen, daß der Spieler sich illegal Geld beschaffen *muß*, um wieder spielen zu können. Auch nach erfolgter Verurteilung sehen diese Gutachter in der Selbsthilfegruppe die einzige Möglichkeit, dem Spieler zu helfen. Wenn die Richter dem folgen, was mehrheitlich der Fall sein soll, schreiben sie dies im Urteil fest.

Tatsächlich jedoch hilft die Selbsthilfegruppe den meisten Spielern nicht; sie könnte sogar den Nachteil haben, daß die Spieler nach der Strafverbüßung erneut in intensiven Kontakt mit der Spielszene kommen, so daß die Rückfallgefahr sowohl in das Spielverhalten als auch ins Delinquenzverhalten hoch erscheint. Wenn sich jetzt auf der Delinquenzseite die Rückfälle häufen, dann stellt sich für das Gericht irgendwann die Frage, ob der fortgesetzt delinquente Spieler – zum eigenen und zum Schutze der Gesellschaft – nicht besser unbefristet

Ein vorgegebener Weg

Keine reale Hilfe für den Spieler

zwangsweise in einer spezifischen, geschlossenen psychiatrischen Abteilung für seelisch kranke Straftäter untergebracht werden muß.

Die Chancen stehen schlecht

Das aber ist im Augenblick das Schlimmste, was einem pathologischen Spieler passieren kann. Diese geschlossenen Abteilungen sind in Deutschland gegenwärtig Sammelbecken für schwerstkranke psychotische Menschen, die im Rahmen ihrer Erkrankung schwere Straftaten begangen haben. In diesem Umfeld hat ein Spieler mit seiner im Rahmen einer zielgerichteten Therapie gut behandelbaren Krankheit und seinen in der Regel vergleichsweise kleinen Delikten sicher die schlechtesten Chancen.

Wenig geeignet für das Gros

Neben diesen Abteilungen gibt es auch noch die eine oder andere Institution, in der besonders drogen- oder alkoholabhängige Straftäter rehabilitiert werden sollen. Auch solche Einrichtungen können dem Gros delinquent gewordener Spieler nicht gerecht werden.

Frage: Die Vorgehensweise nach dem Suchtmodell ist ja relativ simpel, es müssen nur bestimmte Verhaltensmerkmale bzw. Spielkonsequenzen nach dem Diagnostischen und Statistischen Manual (DSM-

III-R) der Amerikanischen Psychiatrischen Gesellschaft ausgezählt werden, und Verhandlungsführung und Urteilsfindung können zügig voranschreiten. Ist Ihre Vorgehensweise zeit- und arbeitsaufwendiger?
Hand: Zunächst einmal zur Verwendung der DSM-III-R-Diagnose »pathologisches Spielen«: Sie besteht aus neun Verhaltensweisen des Spielens, wobei »pathologisches Spielen« immer dann vorliegen soll, wenn mindestens vier Positivantworten gefunden werden. Manche Autoren setzen nach wie vor pathologisches Spielen nach DSM-III-R-Kriterien den stoffgebundenen Süchten gleich – mit allen sich daraus ergebenden forensischen Konsequenzen. Aus Sicht amerikanischer Suchtforscher stellt dies allerdings einen Mißbrauch der DSM-III-R-Diagnose dar, da diese nicht zur Beurteilung der Schuldfähigkeit von delinquenten Spielern gedacht und geeignet ist!
Unser Modell erfordert in der Tat einen wesentlich höheren Zeit- und gemeinsamen Arbeitsaufwand bei der Gutachtenerstellung wie in der Gerichtsverhandlung. Wir können den Probanden in mehr- bis vielstündigen Interviews helfen, Gefühlsbarrieren zu überwinden und

Ein Mißbrauch der DSM-III-R-Diagnose

Gefühlsbarrieren überwinden

Maskierte Depressionen aufdecken

sich in der Selbstdarstellung zu öffnen, woraufhin sich oft überzeugende Hinweise auf das Vorliegen z. B. einer bisher vom Betroffenen subjektiv noch nicht wahrgenommenen oder akzeptierten Depression herausarbeiten lassen. In dieser Depression (auch wenn er sie zunächst anders interpretiert) merkt der Proband, daß es ihm in Spielsituationen deutlich besser geht, so daß er diese Situationen bald sehr gehäuft aufsucht. Die kontinuierlichen Geldverluste stören ihn nicht, da er aufgrund der Depression für Geld ohnehin keinen im Sinne der Normalbevölkerung attraktiven Verwendungszweck hat.

Symptome vorübergehend überspielen

Geht so einem Menschen jetzt das Geld aus, so ist er wieder mit der psychovegetativen Depressionssymptomatik konfrontiert, die er schon vorher hatte und durch das Spielen vorübergehend »überspielen« konnte. Delinquentes Verhalten kann jetzt aufgrund unterschiedlicher Faktoren zusätzlich auftreten. Etwa auf folgendem Wege: Der isoliert lebende Spieler hat z. B. in Spielhallen oberflächliche Sozialkontakte zu Gleichaltrigen gefunden, die schon länger ein höherfrequentes delinquentes Verhalten zeigen. Im Rahmen der sich bildenden

Gruppenkohäsion, und nachdem durch Spielverluste wieder einmal das Geld ausgegangen ist, läßt sich dieser Spieler jetzt zum Diebstahl von Autoradios überreden. Wenn er sich diesbezüglich zum »Spitzenkönner« entwickelt, erhält er dadurch in kurzer Zeit eine bedeutende Funktion in der Gruppe – nachdem er jahrelang »ein Niemand« war.

Die delinquente Handlung hat also eine doppelte Funktion: Die motorische Geschicklichkeitsanforderung lenkt – wie das Spielen z. B. an Automaten – von den negativen Gefühlszuständen ab; hinzu kommt ein ausgeprägtes soziales Erfolgserlebnis durch den Aufstieg in der Gruppenhierarchie. Sind der Diebstahl erledigt und das Hehlergeld verteilt, entfallen beide Verstärkerbedingungen und die Spielsituation – als Flucht vor der Realität und der eigenen Depression – wird wieder aufgesucht.

Delinquenz mit doppelter Funktion

Frage: Das sind bisher theoretische Überlegungen und Erklärungen. Wie sieht in der Praxis der therapeutische Dialog aus?

Hand: Gelingt es nun, mit einem solchen Spieler, dessen Spiel- und Delinquenzverhalten man über den beschriebenen Mechanismus erklären kann, in einem therapeutischen Dia-

Den Ursachen auf die Spur kommen

log die entscheidenden Ursachen in seiner eigenen Person wie auch im sozialen oder beruflichen Umfeld herauszuarbeiten, so bietet sich jetzt – und das im Gegensatz zum Suchtmodell – eine gezielte Ursachentherapie mit häufig durchaus günstiger Prognose an.

Frage: Haben diese delinquenten Spieler ein Unrechtsbewußtsein?

Verschüttetes Unrechtsbewußtsein

Hand: Das haben sie rational und im juristischen Sinne durchaus, emotional oder moralisch kommt es jedoch kaum zum Tragen. Diese typischerweise jungen Männer lesen jeden Tag in der Zeitung, daß die meisten Deutschen Versicherungsbetrug für durchaus gesellschaftsfähig halten. Und so argumentieren sie denn: »Wir schaden doch niemandem. Der Autobesitzer bekommt am nächsten Tag ein nagelneues Autoradio.« Mit Stolz wird z. B. angeführt, daß nahezu keine Kratzer oder sonstigen Beschädigungen am Auto hinterlassen werden. Damit erwarten sie geradezu

Grauzone

Anerkennung, die sie in ihrem bisherigen Leben kaum erfahren haben. Die bei uns im Rechtsempfinden der Bevölkerung zwischen Recht und Unrecht vorhandene riesige Grauzone ist für diese jungen

Männer das subjektive »moralische Schlupfloch«.

Das Verhalten dieser Gruppen, die Autoradios stehlen und an Hehler verkaufen, hat starke Ähnlichkeit mit der Indianerspiel-Mentalität von Kindern. Auf dem Papier sind sie – im Gegensatz zu etwa den Autoknacker-Kids – zwar erwachsen und voll strafmündig, aber die innere Einstellung zu ihrem delinquenten Verhalten ähnelt eher der von Kindern.

Kinderspiel-Mentalität

Frage: Die exzessiven Automatenspieler – ob zusätzlich delinquent geworden oder nicht, ob Jugendliche oder junge Erwachsene – weisen also zum großen Teil Entwicklungsdefizite auf. Wie entwickeln sich diese Spieler in einer Selbsthilfegruppe?

Hand: Es gibt sicher große inhaltliche Unterschiede von Gruppe zu Gruppe. Es besteht aber immer die Gefahr, das viel zu viel darüber geredet wird, wer die Abstinenzgebote am besten beherzigt. Damit dreht es sich in den Gruppen zu oft um Spielsituationen und Rückfälle. Wer nach einer Haftstrafe in dieses Milieu zurückgeschickt wird, läuft Gefahr, eine Entwicklung zu nehmen, in der der nächste Rückfall

Gruppengespräche führen oft zu Rückfällen

vorprogrammiert ist – nicht nur der Rückfall im Spielverhalten, sondern auch der Rückfall im Delinquenzverhalten. Und dann kommt irgendwann der Punkt, wo das Gericht nicht mehr im Gefängnis, sondern in der psychiatrischen Sicherheitsverwahrung die adäquate Antwort des Rechtsstaates auf dieses Verhalten sieht.

Frage: Haben Sie eine Vorstellung von der Größenordnung delinquenten Verhaltens unter exzessiven Spielern?

Hand: Diese Frage ist bisher weitgehend ungeklärt. Meyer hat angegeben, daß etwa 50 Prozent der von ihm befragten Mitglieder von Spieler-Selbsthilfegruppen sich illegal Geld beschaffen würden. Diese Daten wurden aus einer mit Sicherheit nicht repräsentativen Stichprobe von lediglich 14 Prozent der geschätzten 3.100 Mitglieder aller deutschen Spieler-Selbsthilfegruppen im Jahre 1987 gewonnen. Unter den rund 430 Befragten waren 10 Prozent (insgesamt also etwa 45 Personen) gerichtlich verurteilt worden. Die oben zitierte Überinterpretation solcher Daten könnte eher zu einer Diffamierung von Mitgliedern der Spieler-Selbsthilfegruppen als

Keine repräsentativen Zahlen

zu einer Verbesserung der Hilfsangebote für Spieler führen.
Von den an unserer Ambulanz ratsuchenden Spielern gaben unter fünf Prozent delinquente Handlungen zur Geldbeschaffung an – auch dies ist aber ein Ergebnis aus einer nicht repräsentativen Stichprobe. Wie häufig Delinquenz bei Spielern tatsächlich vorkommt, ob der prozentuale Anteil unter Automaten-, Casino- und Börsenspielern deutlich unterschiedlich ist, und wieviele solcher Handlungen nicht entdeckt werden bzw. straffrei bleiben, das läßt sich aus den bisherigen Erhebungen nicht ableiten.

Frage: Kann es sein, daß an der Dominanz der Selbsthilfe über die professionelle Hilfe auch die Ärzteschaft selbst ein bißchen Schuld hat?
Hand: Ganz sicher sogar. Ärzte und Psychologen haben sich in der Vergangenheit viel zu wenig mit stoffgebundenen Süchten und »nicht stoffgebundenen Abhängigkeiten« beschäftigt. In dieses Betreuungsvakuum hinein haben »Suchttherapeuten« auf sozialarbeiterischem Hintergrund oder als »trockene Süchtige« ihre Konzepte entwickelt, ohne fachliche Anleitung von Ex-

Viele ungeklärte Fragen

Betreuungs-Vakuum

perten. Sie haben sich sehr engagiert für das Wohl der ihnen anvertrauten Patienten eingesetzt – oft als einzige zur Verfügung stehende Helfer. Unseriös wirken dagegen manche Funktionäre in diesem Bereich, die Ideologiemodelle um jeden Preis verteidigen, um Macht zu behalten.

Die Diskussion wird sachlicher

In den letzten Jahren ist die Diskussion jedoch deutlich versachlicht. Die Krankenversicherungen fördern jetzt eine primär ambulante (Psycho)Therapie bei all den genannten Störungen. Dadurch ist die »stationäre Suchttherapie« zwar in Gefahr, erheblich reduziert zu werden. Demgegenüber haben aber die ambulanten Suchtberatungsstellen (mehrere haben den gleichen Träger wie die stationären) bessere Chancen, wenn sie nachweisen, daß sie ein adäquates Personal- und Therapieangebot haben – d. h. ihr traditionelles Denken und Handeln um neueres Wissen ergänzen. Durch entsprechende Weiterbildung wird also verhindert, daß die bisherigen, engagierten Versorgungsträger diskreditiert werden.

Notwendige Reformen nicht gefährden

Ich habe in den letzten Jahren die Zusammenarbeit mit »Suchttherapeuten an der Basis« aus den Suchtberatungsstellen nie als konfrontativ erlebt. Es muß in diesem Zusammenhang nochmals davor gewarnt werden, notwendige Reformen in der Behandlung stoffgebundener Süchte dadurch zu gefährden, daß die »nicht stoffgebundenen Abhängigkeiten« ihnen gleichgesetzt werden.

Frage: Wieviele Spieler sind in Ihrer Ambulanz bisher behandelt worden?
Hand: Über 600 Spieler, wobei wir heute einen ziemlich konstanten Neuzugang von 100 bis 150 pro Jahr haben.

Bis zu 150 neue Fälle pro Jahr

Frage: Hat sich an den Erfolgsquoten etwas geändert? Aus Ihren 1989 publizierten Daten ergibt sich eine Erfolgsquote von etwa 65 Prozent, bezogen auf katamnestisch nachuntersuchte Patienten, die nach Abschluß der Verhaltenstherapie ohne jede weitere Therapie waren.
Hand: Diese Zahlen haben sich wohl ein wenig verbessert, wobei wir das bisher noch nicht statistisch auswerten und publizieren konnten, weil wir kein Forschungsgeld für diese Katamnesen bekommen. Der etwas bessere Erfolg ist damit zu erklären, daß wir heute eine geringere Abbruch-Rate als früher haben, weil wir eingangs die Motivation zu

Bessere Motivation reduziert Abbrüche

Veränderungen konsequenter prüfen: Wer sich erstmals vorstellt, bekommt nicht sofort ein Therapieangebot, sondern wird gebeten, sich das ein oder zwei Wochen zu überlegen und dann seinen Entschluß zur Therapie schriftlich mitzuteilen und zu begründen. Bei Therapie-Beginn wird darauf hingewiesen, daß bei unentschuldigtem Nichtwahrnehmen eines Termins die Therapie beendet wird. Mit diesen und einigen inhaltlichen Veränderungen haben wir bei den Spielern jetzt eine gleich gute Therapie-Beteiligung wie bei Patienten mit anderen Störungen.

Unser Konzept ist alltagstauglich

Wir haben unser Therapie-Konzept mittlerweile auch durch niedergelassene Verhaltenstherapeuten in eigener Praxis anwenden lassen, wo verlorene Stunden unter ökonomischen Gesichtspunkten sehr viel schwerer zu kompensieren sind als in einer Ambulanz. Es hat sich dabei als praktikabel und »alltagstauglich« erwiesen.

Frage: In der Vergangenheit war immer mal wieder die Rede davon, Sie hätten nur deshalb so gute Ergebnisse, weil zu Ihnen die relativ leichten Fälle kämen, während die wirklich harten Brocken, die Patien-

ten mit wesentlich ausgebrannteren Spielerkarrieren in den Selbsthilfegruppen landeten.
Hand: Diese Vermutung ist widerlegt. Wir haben von Herrn Meyer Daten über in Selbsthilfegruppen betreute Spieler bekommen. Computeranalysen haben ergeben, daß die Spieler in Selbsthilfegruppen und an unserer Ambulanz sich in nahezu allen Bereichen, bis hin zur Höhe der Verschuldung, in höchstem Maße ähnlich sind.

Frage: Auf psychotherapeutischem Gebiet konkurrieren ja Psychoanalyse, Tiefenpsychologie und Verhaltenstherapie. Welche Therapieform eigenet sich für welche Patienten unter den Spielern am besten?
Hand: Da muß zunächst etwas getrennt werden. Zu einer richtigen Psychoanalyse – liegend auf der Couch, frei assoziierend, ohne Blickkontakt zwischen Patient und Therapeut – gibt es überhaupt keine Daten.
Worüber im Rahmen der Behandlung von Spielern neben der Verhaltenstherapie gesprochen wird, sind tiefenpsychologisch orientierte Therapieansätze, die als Kurzzeittherapie mit bis zu 25 Sitzungen oder als Langzeittherapie mit bis zu 80 bis

Die Fälle gleichen sich

Therapieformen:

Psychoanalyse

Tiefenpsychologisch orientierte Ansätze

Verhaltens-therapie

300 Sitzungen angeboten werden. Das sind im Gegensatz zur Psychoanalyse Therapien, wo man sich gegenübersitzt und wo der Therapeut auch als Person erkennbar wird, wo auch über konkrete Ziele gesprochen wird. Hier wird aus Einzelfallbeobachtungen über Behandlungserfolge berichtet, aber konkretes Zahlenmaterial gibt es leider nicht. Deswegen haben wir keine Vergleichsmöglichkeiten, denn über die ambulante Verhaltenstherapie mit Spielern gibt es bisher im deutschen Sprachraum leider auch nur unsere Daten.

Frage: Tun sich Laien vielleicht deshalb so schwer, die Behandlungsbedürftigkeit eines Spielers zu akzeptieren, weil seinem Krankheits- oder Symptomenbild so wenig Medizinisches anhaftet?

Die Bulimie als Pendant

Hand: Das ist ein sehr guter Hinweis. Das Pendant zum pathologischen Spielen des Mannes scheint die Bulimie der Frau zu sein. Bei letzterer scheint niemand Mühe zu haben, zu verstehen, daß das eine Krankheit ist, die behandelt werden muß. Denn es hat – wie Sie sagen – für jedermann etwas Medizinisches an sich, wenn diese Frauen unkontrolliert Essen in sich hineinstopfen, um es anschließend wieder zu erbrechen, was nach einiger Zeit zu meßbaren Störungen im Mineralhaushalt und in anderen Stoffwechselparametern führt. Demgegenüber ist beim Spieler zunächst keine medizinische Direktfolge des Spielens festzustellen. Dennoch gibt es erhebliche Überlagerungen in den verursachenden Bedingungen beider Störungen.

Ähnliche Ursachen

Frage: Würden Sie die Bulimie den Suchtkrankheiten zuordnen?
Hand: Nein!

Frage: Die Deutsche Hauptstelle gegen die Suchtgefahren tut es aber, sie bezeichnet sich für die Felder Alkohol, Medikamente, illegale Drogen, Nikotin, Eßstörungen und Spielen als zuständig.
Hand: »Die« DHS hat seit vielen Jahren erhebliche Probleme, eine einheitliche Sichtweise, z. B. zum pathologischen Spielen, zu entwickeln. Vor einigen Jahren gab sie eine Presse-Erklärung dazu heraus, die sich weitgehend mit dem von uns seit 1976 erarbeiteten Modell deckte – nur seither haben sich die Repräsentanten der DHS leider kaum daran gehalten.

Keine einheitliche Sichtweise

Frage: Was liegt Ihnen am Herzen, das wir durch unsere Fragen bisher nicht angerissen haben?

Hand: Von seiten der Länder und der Bundesregierung wird nach wie vor zu wenig getan, um in diesem Gesamtbereich die Forschung und die Versorgung der Betroffenen abzusichern. Ich habe bereits mehrfach vorgeschlagen, hierzu – wie in mehreren Bundesstaaten der USA nach dortiger Einführung der Staatslotterie – ein Prozent aus den Nettoeinnahmen »Glücksspiel« zur Verfügung zu stellen. Dies sollte so lange geschehen, wie in unserem gesellschaftlichen Rahmen Glücksspielen häufig ist und durch Staat und Medien – wie z. B. das Fernsehen (ZDF-Lotterie; fast tägliche Veranstaltungen der Privatsender) – massiv gefördert wird. Diese Forderung möchte ich nicht auf das Spielen einengen. Solange bestimmte »Genüsse« – vom Alkohol/Nikotin über Glücksspielen, Motorradrasen bis zum Luxusgüterkonsum bei Kindern – mehrheitlich gesellschaftlich gewollt sind, schafft man für gefährdete Menschen, die allein damit nicht umgehen können, ein erhöhtes Risiko. Dann besteht meiner Meinung nach aber auch die Verpflichtung, für diese Personen

---

Ein Prozent der Netto-Einnahmen für Hilfs-maßnahmen

Staat und Medien fördern Glücksspiele

Hilfsmaßnahmen einzurichten und aus den entsprechenden Einnahmen zu finanzieren.

Der klassische Suchtbegriff in seiner inflationären Benutzung scheint allzu oft der Tabuisierung (statt Beseitigung) fragwürdiger gesellschaftlicher Entwicklungen zu dienen. Eine dieser Entwicklungen ist die Bedürfnisweckung (»Nachfragebeschaffung«) und Erziehung zum »Recht auf sofortige Bedürfnisbefriedigung« (Instant-Befriedigung) einerseits, und Orientierungs- wie ökonomische Verarmung andererseits.

Die pathologischen Spieler sind nur ein Indikator dafür. Der erschreckendste Indikator ist gegenwärtig vielleicht der, daß heute bereits viele Kinder und Jugendliche als Werbungsopfer ihr subjektives Selbstwertgefühl und ihre soziale Akzeptanz unter Gleichaltrigen nurmehr über den Konsum von Status-Symbolen unterschiedlichster Art entwickeln. Mit diesen Bemerkungen soll keineswegs der resignative Gemeinplatz »die Gesellschaft ist an allem schuld« wiederholt werden. Wir sind die Gesellschaft, wir machen die Fehler – und wir sind in Gefahr, uns mit unreflektierter Benutzung des Sucht-

Fragwürdige Entwicklungen

Wir alle machen die Fehler

begriffes – wie mit dem Konsum von zuviel Alkohol – den Blick dafür zu trüben.

Jörg Weidenhammer

Pathologische Spieler sind impulsneurotisch gestört

Jörg Weidenhammer, Köln

Dr. med. Jörg Weidenhammer hat Philosophie und Medizin studiert, ist Arzt für Neurologie und Psychiatrie sowie Psychotherapeut und hat an einer Landesklinik die Abteilung für Suchtkranke geleitet. Zum Zeitpunkt des Interviews war er Leiter des Referates für medizinische Fachfragen des Landschaftsverbandes Rheinland in Köln.

Frage: Wir haben uns vor Jahren schon einmal sehr ausführlich über die Behandlungsmöglichkeiten von pathologischen Spielern unterhalten. Damals haben Sie sich sehr kritisch über die Behandlung nach dem Suchtmodell geäußert und gefordert, die heilige Kuh Selbsthilfe müsse geschlachtet werden. Hat Ihnen das Ärger eingebracht?

Weidenhammer: Eines vorweg: Mein Standpunkt ist heute um keinen Deut anders als damals. Aufgrund Ihrer Veröffentlichung unseres damaligen Interviews habe ich in der Zwischenzeit viel Kontakt zur Selbsthilfe bekommen; natürlich auch viel Ärger, den ich aber als angenehm empfunden habe, weil er sehr klärend war. Und gerade Klärung ist im Zusammenhang mit Selbsthilfe wichtig.

So ist es beispielsweise notwendig, zu klären und zu begreifen, daß Selbsthilfe nichts anderes ist als Selbsthilfe, daß Selbsthilfe aber keinesfalls eine Therapie ist. Diese begriffliche Klärung ist in der Zwischenzeit erfolgt, was ich für ausgesprochen positiv halte.

Frage: Das Thema des exzessiven Spielens und seiner Behandlungs-

Selbsthilfe als heilige Kuh

Klärender Ärger

Selbsthilfe ist keine Therapie

möglichkeiten hat Sie ja in der Zwischenzeit nicht losgelassen. Wenn wir richtig informiert sind, haben Sie an einem Positionspapier der Krankenkassen zu dieser Thematik mitgewirkt.

Meinung der Krankenkassen...

Weidenhammer: Das ist richtig. Ich bin einer von drei Autoren, die sich in einer gemeinsamen Grundsatzbeurteilung zur Leistungspflicht der gesetzlichen Krankenversicherung für die Behandlung von pathologischem Spielen geäußert haben.

Frage: Wer ist der Träger dieser Grundsatzbeurteilung?

...als Basis für die Praxis

Weidenhammer: Der Medizinische Dienst der Spitzenverbände der Krankenkassen. Nach Auffassung der Reha-Referenten der Spitzenverbände der Krankenkassen ist unsere Stellungnahme jedoch auch als eine geeignete Beurteilungsgrundlage für die Arbeitspraxis der Kostenträger anzusehen und ist aus diesem Grunde auch dem Verband Deutscher Rentenversicherungsträger, der Kassenärztlichen Bundesvereinigung und der Deutschen Hauptstelle gegen die Suchtgefahren zur Kenntnis gegeben worden.

Frage: Gehen Sie in Ihrer Beurteilung davon aus, daß pathologisches

Spielen eine Sucht und damit ein eigenständiges Krankheitsbild ist?
Weidenhammer: Nein, soweit Sie nach Sucht fragen; ja, wenn Sie von einem eigenständigen Krankheitsbild sprechen, das wir pathologisches Spielen nennen.

Um diese scheinbare Zwiespältigkeit zu erklären, muß ich etwas weiter ausholen und zitiere dazu aus unserer Stellungnahme: »Spielen gehört zu den natürlichen Lebensvorgängen des Menschen. Während seiner Entwicklung benötigt er Spielen beispielsweise zur sozialen Reifung. Im späteren Erwachsenenalter kann der spielerische Umgang mit Geld auch der Entspannung dienen. Dieses Spielen ist weit verbreitet und keinesfalls Zeichen einer psychischen Störung.

Es gibt aber auch Menschen, die auf der Grundlage von Störungen der Entwicklung ihrer Persönlichkeit durch das Spielen krank werden. Auch im versicherungsrechtlichen Sinne kann bei solchen Spielern eine Krankheit bestehen, das heißt ein regelwidriger Zustand, der nach den Regeln der ärztlichen Kunst behandlungsbedürftig ist. Im Zusammenhang mit Störungen, die durch Glücksspiel verursacht werden, hat sich der Begriff des pathologischen

Keine Sucht

Krank durch Spielen

Eigenständiges Krankheitsbild	Spielens eingebürgert. Dieser Begriff beschreibt eine Störung der Impulskontrolle und stellt ein eigenständiges Krankheitsbild dar.«
	Frage: Wie tritt dieses Krankheitsbild in Erscheinung?
Neurotische Persönlichkeitsentwicklung	**Weidenhammer:** Die drei entscheidenden Kriterien für diese Erkrankung werden im DSM III/R genannt: 1. Dem Impuls zum Glücksspiel kann nicht mehr widerstanden werden. 2. Das Glücksspiel beeinträchtigt mehrere Bereiche der Persönlichkeit. 3. Beides ist im Zusammenhang mit einer neurotischen Entwicklung zu sehen.
Typische Zeichen	Für schwere Störungen bei pathologischem Spielen ist typisch, daß Anzeichen der sozialen Desintegration in erheblichem Umfang auftreten, wozu u.a. Haft wegen Fälschung und Unterschlagung, Kreditfinanzierung ohne Realsicherung, Arbeitsplatzverlust sowie Auflösung familiärer Strukturen gehören können.
	Frage: Als wir 1988 nach Behandlungsmöglichkeiten gefragt haben, hat uns jeder Befragte eine andere Antwort gegeben. War das Ausdruck der Vielfalt an gesicherten therapeutischen Möglichkeiten

oder Ausdruck einer allgemeinen Verunsicherung?

Weidenhammer: Damals waren wir noch mitten in der Phase methodologischer Differenzen und Grabenkämpfe schlimmster Art. In der Zwischenzeit haben sich einige Ansätze als recht abseitig herausgestellt, andere als eher überzeugend.

Grabenkämpfe schlimmster Art

Frage: Welche Möglichkeiten des therapeutischen Zugangs zum Krankheitsbild des pathologischen Spielens haben sich denn herauskristallisiert?

Weidenhammer: Im wesentlichen bieten sich heute tiefenpsychologisch/psychoanalytisch orientierte Behandlungen und verhaltenstherapeutische Behandlungen an. Bei dem tiefenpsychologisch fundierten Therapieansatz wird davon ausgegangen, daß im Rahmen von persönlichen Entwicklungsdefiziten der Patient, statt sich eine lebendige Beziehungsperson zu suchen, den Automaten vorzieht, den er vermeintlich zu beherrschen glaubt.

Psychoanalyse und Verhaltenstherapie

Erst wenn es zu tiefen sozialen Einbrüchen gekommen ist, bricht sich die Erkenntnis Bahn, daß dies ein Irrtum war. Dann ist jedoch in aller Regel ein Zustand erreicht, in der der Beziehungsaspekt des Betroffe-

Tiefe soziale Einbrüche

nen nur noch gering tragfähig ist. Diesen aufzugreifen und zu stabilisieren, ist die Aufgabe einer solchen Psychotherapie.

Frage: Und woran orientieren sich die verhaltenstherapeutischen Behandlungsverfahren?

Den Prozeß umkehren

Weidenhammer: Sie orientieren sich im wesentlichen daran, daß der Patient eine Verhaltensform eingeübt hat, die besonders belohnt wurde. Ziel ist es dann, Indikatoren zu entwickeln, inwieweit individuell ein solcher Lernprozeß umgekehrt werden kann und damit die Symptomatik erlischt. Es bleibt dann dem Patienten überlassen, bei späteren Beziehungsaufnahmen noch weitere korrigierende Erfahrungen zu machen.

Frage: Und solche Therapien haben Erfolg? Wird ambulant oder stationär behandelt?

Mit Erfolg zu behandeln

Weidenhammer: Um die erste Frage zuerst zu beantworten: Auf der Grundlage der beiden genannten Konzepte ist pathologisches Spielen psychotherapeutisch nachweislich mit Aussicht auf Erfolg behandelbar. Zum zweiten Teil Ihrer Frage: Eine solche Behandlung wird in der Regel ambulant durchgeführt. Die Voraussetzung für eine Kostenübernahme für eine solche ambulante Behandlung durch die Krankenkasse ist in der geltenden Psychotherapievereinbarung geregelt.

Frage: Wenn Sie sagen, daß in der Regel ambulant behandelt wird, dann ist eine stationäre Behandlung nicht grundsätzlich ausgeschlossen?
Weidenhammer: Wie auch bei der ambulanten Behandlung von Kranken mit anderen neurotischen Störungen kann es im Laufe der Therapie von pathologischem Spielen zu akuten Krisen kommen, die eine stationäre Behandlung erforderlich machen. Meist wird es sich um eine depressive Krise mit Suizidgefahr handeln. Eine solche Behandlung erfolgt in der Regel auf der Akutstation einer psychiatrischen Klinik und dauert im allgemeinen zwei Wochen. Sie hat das Ziel der Krisenintervention und der Motivation für eine ambulante Weiterbehandlung.

Frage: Neben Tiefenpsychologie und Verhaltenstherapie werden auch Behandlungen nach dem Suchtmodell angeboten. Wie werden diese vom Medizinischen

Ambulante Behandlung

Stationär bei Suizidgefahr

Selbsthilfe auch für Spieler

Im Mittelpunkt steht die Abstinenz

Problemlösung wird verhindert

Dienst der Spitzenverbände der Krankenkassen beurteilt?

Weidenhammer: Im Zusammenhang mit den sich immer breiter ausdehnenden Wellen von pathologischem Spielen wurde im Laufe dieses Jahrhunderts die Palette von Behandlungs- und Hilfsangeboten immer größer. Erst in den 60er Jahren weitete sich die Selbsthilfe nach dem Suchtmodell, die schon in den 30er Jahren von den Anonymen Alkoholikern entwickelt worden war, auch auf die Hilfe für Spieler aus. Nach Auffassung der Selbsthilfebewegung ist pathologisches Spielen eine fortschreitende Krankheit wie Alkoholismus und Drogenabhängigkeit. Es entstand der Begriff der nicht stoffgebundenen Sucht, in diesem Falle der Spielsucht.

Aufgrund solcher Vorstellungen identifizieren sich die Selbsthilfegruppen mit dem aus dem Bereich der Anonymen Alkoholiker stammenden Modell und wenden die entsprechenden Abstinenzregeln konsequent auch auf Spieler an.

Die Behandlung nach dem Suchtmodell ist nicht als zielgerichtete Behandlung anzusehen. Ein solcher Anspruch wird auch nicht erhoben. Vielmehr halten die Selbsthilfegruppen die Betroffenen für nicht heilbar und daher der dauernden Betreuung bedürftig. Auf diese Weise wird eine durchgreifende Problemlösung verhindert. Deswegen ist daran zu zweifeln, daß allein durch das Milieu der Selbsthilfegruppe eine Hilfe entsteht, die wirksam ist und auch ein Ende findet.

Frage: Dann ist für Sie also der Spielautomat nicht mit einer Droge vergleichbar?
Weidenhammer: Im Gegensatz zu den stofflichen Süchten ist bei pathologischem Spielen der Apparat für sich kein suchterzeugendes Instrument, also kein Suchtmittel im medizinischen Sinne. Exzessives oder pathologisches Spielen erfordert immer eine Störung beim Spielenden, die in seiner Persönlichkeit begründet ist und die Ursache für den krankmachenden Prozeß ist.

Aus psychotherapeutischer Sicht ist es für die Einleitung einer zielgerichteten Behandlung dieser Störung notwendig, daß der Patient beständig einer Situation ausgesetzt wird, in der er einen Konflikt zwischen Versuchung und Versagen erlebt.

Frage: Eine solche Situation ergibt sich ja beispielsweise während einer stationären Behandlung nicht. Leh-

Der Automat erzeugt keine Sucht

Konflikt zwischen Versuchung und Versagen

nen Sie diese Behandlungsform – außer der schon erwähnten Krisenintervention bei Suizidgefahr – daher ab?

Falscher Ansatz

Weidenhammer: Bei der sog. stationären Langzeitentwöhnungsbehandlung bei Spielern wird pathologisches Spielen fälschlicherweise als süchtiges Verhalten entsprechend dem Alkoholismus gewertet und das Glücksspielgerät gewissermaßen mit Alkohol und Droge gleichgesetzt. Um eine zielgerichtete Behandlung pathologischen Spielens im engeren Sinne handelt es sich hierbei nicht.

Vorgeschaltete Sozialberatung...

Frage: Sie erwähnten eingangs die soziale Desintegration des Spielers, die in manchen Fällen sehr weit fortgeschritten sein kann. Muß der eigentlichen Therapie in diesen Fällen eine psychosoziale Hilfe vorgeschaltet werden?

...ist keine Kassenleistung

Weidenhammer: Ja, um zunächst die Voraussetzungen für eine zielgerichtete Behandelbarkeit zu schaffen. Das geschieht durch eine angemessene Sozialberatung, eine soziale Betreuung und das Abfangen sozial bedingter Krisen. Eine solche psychosoziale Hilfe – auch wenn sie im stationären Rahmen durchgeführt wird – fällt allerdings nicht in die Leistungspflicht der gesetzlichen Krankenversicherung.

Frage: Sie sagen, daß dem pathologischen Spielen immer eine Störung des Spielenden zugrundeliegt. Um welche Art von Störung handelt es sich dabei?
Weidenhammer: Es ist eine Störung, die sich im innerseelischen Bereich abspielt, die sich im wesentlichen in Defiziten der Persönlichkeitsstruktur darstellt, die im Bereich der Impulsneurosen anzusiedeln sind.

Defizite der Persönlichkeitsstruktur

Frage: Für welchen Patienten kommt eher eine Verhaltenstherapie, für wen eher eine tiefenpsychologisch orientierte Therapie in Betracht?
Weidenhammer: Das ist schwer zu sagen, weil es keine vergleichenden Therapiestudien gibt, leider nicht einmal wirklich vergleichbare Studien. Aber man kann den Eindruck gewinnen, daß der Patient, der nicht so intelligent ist, aber dennoch das Bestreben hat, sich die Welt erklären zu wollen, besser in einer psychotherapeutisch aufdeckenden Behandlung aufgehoben ist, während der Intellektuelle besser zum Verhaltenstherapeuten paßt. Das ist

Vergleiche fehlen

aber nur eine persönliche Beobachtung, die ich bei Impulsneurosen und ihren Auswirkungen in Form von pathologischem Spielen immer wieder gemacht habe.

Frage: Wann ist die Behandlung eines Patienten mit pathologischem Spielen beendet?

Weidenhammer: Das Ende des pathologischen Spielens ist das Ende der Behandlung, das muß man klar und unmißverständlich sagen. Abstinenz wird nicht verlangt, nur das Ende des pathologischen Spielens. Alles andere heißt, daß die Therapie nicht erfolgreich war, jedenfalls nicht so erfolgreich, daß der Patient in dem Sinne wieder selbständig geworden ist, daß er Herr über seine persönlichen Belange ist. Das »Überweisen« in eine Selbsthilfegruppe halte ich nach wie vor für das Eingeständnis eines therapeutischen Mißerfolgs.

Ich habe nie – auch bei unserem Gespräch vor einigen Jahren nicht – Abstinenz als Therapievoraussetzung oder als Therapieziel genannt. Und heute sehe ich, daß auch in der Diskussion um Alkoholismus und andere Suchtformen das Pendel eher in meine Richtung ausschlägt als zur Seite der traditionellen Kon-

---

Abstinenz wird nicht verlangt...

...weder als Voraussetzung noch als Ziel

zepte von Suchtbehandlung. Die völlige Abstinenz verliert als zentrales Thema zunehmend an Bedeutung.

Frage: Der Boom von Therapieangeboten für Spieler, die Probleme mit dem Spielen haben, ist ja wohl auch ein Stück weit dadurch zu erklären, daß sich der ärztliche Berufsstand auf diesem Feld auffällig zurückgehalten hat. Ist hier inzwischen eine Änderung eingetreten?

Zurückhaltung bei den Ärzten

Weidenhammer: Zum einen ist auf dem Gebiet der Therapiekonzepte eine deutliche Beruhigung eingetreten, zum anderen hat die neue Psychotherapievereinbarung dazu beigetragen, daß heute mehr ärztliche Therapeuten die Traute haben, Spieler in Behandlung zu nehmen, ohne darin etwas Besonderes zu sehen. Das ist ein Paradigmenwechsel, den ich sehr begrüße.

Begrüßenswerter Paradigmenwechsel

Frage: Noch einmal zurück zu der dem pathologischen Spielen zugrundeliegenden impulsneurotischen Störung. Können Sie beschreiben, um welchen Bereich es sich hierbei handelt, ohne sich exzessiv der psychiatrischen Terminologie zu bedienen?

Weidenhammer: Ich neige ohnehin

Kernige Charaktere

mehr zum Holzschnitt als zum galanten Formulieren, denn die vom pathologischen Spielen betroffenen Mitmenschen sind kernige Charaktere, bei denen Sie mit einem feinsinnigen Vokabular ohnehin nichts werden. Die Basisstörung betrifft im wesentlichen unbewußte Mißerfolgs- oder Unerfolgsbereiche auf dem Feld der persönlichen Beziehungen.

Mißerfolge bei persönlichen Kontakten

In bestimmten triebrelevanten Situationen erreicht es ein solches Individuum nicht, den Kontakt mit einer anderen Person auf einem Niveau zu halten, auf dem eine Triebbefriedigung möglich wäre. Als Folge bricht unser Individuum die Beziehung ab und sucht seine Triebbefriedigung auf einem niedrigeren Niveau. Gerät er in dieser Situation an einen Spielautomaten, bestehen gute Chancen, daß sich daraus pathologisches Spielen entwickelt. Andere sehen sich exzessiv Filme an, in denen das passiert, was sie gerne hätten, in einer zwischenmenschlichen Beziehung jedoch nicht realisieren können.

Befriedigung auf niedrigerem Niveau

Frage: Gibt es so etwas wie eine impulsneurotische Vorprägung? Die Frage zielt auf eine möglicherweise schon frühzeitig erkennbare Risikogruppe.

Weidenhammer: Unerfüllte Beziehungswünsche können prinzipiell bei jedem auftreten, auch bei Ihnen, auch bei mir. Dann kommt es darauf an, wie sprachmächtig und leistungsmächtig jemand ist – ob er sagen kann, daß er jetzt frustriert ist, oder ob er das nicht sagen kann. Wenn er es sagen kann, wird ihm sehr wahrscheinlich gar nichts passieren, er wird sich arrangieren, wird mit Zwischenlösungen zu leben lernen. In welche Richtung sich ein solcher Prozeß entwickelt, ist offen. Hauptsache jedoch ist, daß sich etwas entwickelt.

Frage: Kennen Sie auch Kinder, die Probleme mit dem Spielen haben?
Weidenhammer: Ja, wobei es der gleiche Effekt wie bei Erwachsenen ist. Auch Kinder haben Triebhorizonte, die sie mit bestimmten Dingen befriedigen möchten. Wenn das innerhalb der Familie nicht möglich ist, dann kann hier das reichhaltige Angebot der Spielwarenindustrie oder des Fernsehens oder der Videobranche in die Bresche springen, so daß am Ende eine impulsneurotische Störung zutagetritt, bei der es dem Zufall überlassen ist, in welchem Symptom sie sich manifestiert.

Mit Zwischenlösungen leben

Auch Kinder betroffen

Besonderes Problem im Osten

Das pathologische Spielen von Kindern und Jugendlichen ist in den neuen Bundesländern besonders ausgeprägt. Was eigentlich niemanden wundern kann, denn dort ist schließlich eine ganze Ideologie und Kultur weggefallen, ohne daß wir aus dem Westen diesen plötzlichen Verlust durch etwas Sinnhaltiges ersetzt haben.

Suche nach Ersatzbefriedigung

Wer in dieser Situation nicht das Glück hat, einen den persönlichen Wünschen entsprechenden Ausbildungsplatz zu haben, sucht irgendeinen Schauplatz, auf dem er seinen Trieb ersatzbefriedigen kann, sofern eine impulsneurotische Vorprägung, die Sie schon angesprochen haben, vorhanden ist – was bei vielen Menschen der Fall ist.

Therapie und Prozeß...

Frage: Kommen eigentlich viele Patienten mit pathologischem Spielverhalten just in dem Moment hilfesuchend mit einem Therapeuten in Kontakt, in dem ein Verfahren wegen sog. Beschaffungskriminalität anhängig ist?

Weidenhammer: Nein. Die Kriminalitätsrate ist zwar bei Patienten, die pathologisch spielen, relativ hoch, aber der Wunsch, zielgerichtet behandelt zu werden, ist kurz vor einem zu erwartenden Urteil nicht ausgeprägter als zu irgendeinem anderen Zeitpunkt der Erkrankung. Ich würde sogar ein gerade laufendes Gerichtsverfahren eher für eine leichte, wenn auch nicht zentrale Kontraindikation halten. In dieser Zeit hat der Patient den Kopf derart voller anderer Dinge, daß er kaum zu einer zielgerichteten Zusammenarbeit mit seinem Psychotherapeuten in der Lage sein wird.

Frage: Letzte Frage: Bei unserem ersten Gespräch hatten Sie im Zusammenhang mit pathologischem Spielen und Kriminalität 32 Fälle hinsichtlich der Frage der verminderten Straffähigkeit begutachtet. Wie hat sich diese Zahl inzwischen verändert und hat sich an der Tendenz Ihrer Gutachten etwas geändert?
Weidenhammer: Wir haben seitdem weit über hundert derartige Gutachten abgegeben. Im Hinblick auf die Paragraphen 20 und 21 des Strafgesetzbuches hat sich unsere Beurteilung nicht verändert, wobei das keine Frage der Zahl der Gutachten ist, sondern unser Standpunkt in einer Grundsatzdiskussion. Und der lautet so: Das Phänomen ist assoziiert an eine bestimmte Grundstörung, deren Symptomatik

...am besten nicht gleichzeitig

Weit über 100 Gutachten

Kein Grund für milde Strafen

im pathologischen Spielen besteht und die, weil sie neurotisch bedingt ist und sonst gar nichts, nicht ausreicht, um eine Strafmilderung oder gar Strafunmündigkeit zu begründen.

Gerhard Bühringer,
Klaus Herbst

Wenn Spielen zum Problem wird, reduzieren die meisten ihr Spiel ohne fremde Hilfe

Gerhard Bühringer (links) und Klaus Herbst, München

Diplom-Psychologe Dr. Gerhard Bühringer ist Leiter, Diplom-Psychologe Dr. Klaus Herbst leitender Mitarbeiter des Instituts für Therapieforschung (IFT) in München. Das IFT hat Mitte der 80er Jahre die ersten wissenschaftlich ermittelten Daten über die Zahl der Automatenspieler vorgelegt und inzwischen die erste Längsschnittuntersuchung über den Verlauf von »Spielerkarrieren« abgeschlossen.

Frage: Herr Dr. Bühringer, wir haben Sie schon einmal zur Thematik des exzessiven Spielens interviewt. Damals hatten Presseberichte Hochkonjunktur, in denen von einem Heer von spielsüchtigen Deutschen die Rede war, deren Zahl mit bis zu 2,4 Millionen gehandelt wurde. Auch wenn heute noch gelegentlich gesteuerte Horrormeldungen auftauchen, so dürfte die empirische Forschung auf diesem Gebiet doch inzwischen verlässliche Daten ermittelt haben. Wie stellt sich das Problem des Vielspielens nach heutigem Wissensstand quantitativ dar?

Bühringer: Wir haben seit 1984 in den alten Bundesländern und seit 1990 in den neuen Bundesländern 15 voneinander unabhängige Studien mit insgesamt etwa 35.000 repräsentativ ausgewählten Personen durchgeführt, die Antwort auf die Frage geben, wie viele Bundesbürger mit welcher Häufigkeit an Spielautomaten mit Gewinnmöglichkeit spielen, an den sog. Geldspielgeräten.

Alle Untersuchungen in den westlichen Bundesländern zeigen übereinstimmend, daß etwa zwei Drittel der Bundesbürger noch nie gespielt haben und etwa 15 bis 25 Prozent

Das Thema wird leiser behandelt

Antworten von 35.000 Personen:

Rund 10 Prozent spielen aktiv...

zur inaktiven Gruppe gehören, deren letztes Spiel zum Zeitpunkt der Befragung länger als 3 Monate zurücklag. Es bleiben also rund 10 Prozent aktive Spieler in der Bevölkerung übrig, die im zurückliegenden Vierteljahr mindestens einmal gespielt haben.

...und davon nur sehr wenige oft

Von diesen aktiven Spielern spielen etwa 80 bis 90 Prozent weniger als eine Stunde pro Woche und etwa 10 bis 15 Prozent bis zu fünf Stunden wöchentlich. Im Durchschnitt – und damit komme ich zur Beantwortung Ihrer Frage – verbringt knapp 1 Prozent der aktiven Spieler (je nach Stichprobe liegt dieser Wert zwischen 0 und knapp 3 Prozent) fünf und mehr Stunden pro Woche am Spielautomaten.

Frage: Was bedeutet dieser Prozentwert in absoluten Zahlen?
Bühringer: Wir haben in den alten Bundesländern von rund 30.000 Vielspielern – der Schwankungsbereich liegt zwischen 10.000 und 70.000 – auszugehen, die pro Woche fünf oder mehr Stunden spielen.

Belastet fühlen sich etwa 8.000...

Von ihrem Spielverhalten fühlen sich rund 8.000 Spieler (Schwankungsbereich 3.000 – 19.000) subjektiv deutlich belastet. Diese subjektive Belastungsempfindung bedeutet noch nicht, daß diese Spieler alle therapiebedürftig wären. Deren Zahl dürfte wahrscheinlich geringer sein, doch haben wir die Daten dazu noch nicht ausgewertet.

Frage: Weichen die in den neuen Bundesländern erhobenen Daten von denen für die alte Bundesrepublik ermittelten ab?
Bühringer: Der Anteil der aktiven Spieler liegt in den östlichen Bundesländern derzeit noch etwas unter dem Wert in den alten Ländern, während sich bei der Verteilung der Spieldauer bei den aktiven Spielern keine nennenswerten Unterschiede zwischen Ost und West ausmachen lassen.

Frage: Wenn Sie vor knapp 10 Jahren die ersten Daten erhoben haben, dann können Sie doch sicher eine Aussage darüber machen, wie sich die Zahl der Vielspieler und deren Spielintensität über die Jahre entwickelt hat. Haben wir es beim Geldautomatenspiel mit einem gesellschaftlichen Problem zu tun, das in seiner Größenordnung zunimmt?
Bühringer: Neben der – entgegen vielen auch heute noch öffentlich gemachten Aussagen – vergleichsweise kleinen Zahl von Vielspielern

...therapiebedürftig sind noch weniger

Kaum Ost-West-Unterschiede

Keine Veränderung des Spielverhaltens

ist das zweite wichtige Ergebnis unserer Untersuchungen, daß sich das Spielverhalten in dem von uns überblickten vieljährigen Zeitraum nicht verändert hat. Wir sehen weder eine Zunahme noch einen Rückgang des Automatenspiels insgesamt noch eine Veränderung in den Anteilen der verschiedenen Spielintensitäten. Die momentan in den östlichen Bundesländern leicht steigende Zahl der Automatenspieler ist sicherlich mit der zunehmenden Verfügbarkeit entsprechender Spielmöglichkeiten zu erklären.

Frage: Könnte man Ihre quantitativen Untersuchungen so interpretieren, daß es für die gesamtdeutsche Bevölkerung »normal« ist, bei entsprechender Verfügbarkeit der Spielmöglichkeiten einen recht konstanten, wenn auch insgesamt zahlenmäßig geringen »Bodensatz« von Vielspielern zu haben?

Wertfreie Interpretation ist erlaubt

Bühringer: Wenn eine solche Interpretation wertfrei ist, wenn sie sich also nur auf die ermittelte Quantität des Phänomens Vielspielen beschränkt, ohne daraus moralische oder politische Konsequenzen abzuleiten, dann ist Ihrer Interpretation nicht zu widersprechen.

Frage: In der öffentlichen Diskussion um das Automatenspiel wird Vielspielen oft als Synonym für Problemspielen, pathologisches Spielen oder Spielsucht benutzt. Ist eine solche automatische Verknüpfung von Quantität und Qualität aus Ihrer Sicht zulässig?

Bühringer: Man kann zum Spielen verschiedene Hypothesen haben. Eine wäre, daß schon der bloße Kontakt mit einem Spielautomaten über noch unbekannte Faktoren dazu führt, daß der Spieler zwangsläufig in einen für ihn oder für die Gesellschaft problematischen Bereich gerät. Je mehr wir auf diesem Gebiet forschen, desto deutlicher wird, daß der Weg zum behandlungsbedürftigen Spielverhalten – und solches gibt es unbestritten, und zwar unabhängig von dem wissenschaftlichen Streit über die klassifikatorische Einordnung der Störungen – kein regelhafter ist, sondern individuell unterschiedlich verläuft. Wie sich das Spielen und die daraus eventuell resultierenden psychischen Belastungen über die Jahre entwickeln, ist Gegenstand unserer Längsschnitt-Untersuchungen über einen Zeitraum von 4 Jahren, zu denen die Datenerhebung in den alten Bundesländern gerade abgeschlos-

Individuell unterschiedliche Wege

Ein Längsschnitt über vier Jahre

sen ist, während diese Studie in den neuen Bundesländern noch läuft.

Frage: Auf welche zentralen Fragen sollten diese Längsschnitt-Untersuchungen Antworten geben?

Ist Vielspielen generell gefährlich?

Bühringer: Wir wollten wissen, wie sich bei intensiven Spielern das Spielverhalten über die Jahre entwickelt. Denn es ist eine sehr interessante und bislang unbeantwortete Frage, ob Vielspielen generell gefährlich ist. Die Frage ist für die gesundheitspolitisch Verantwortlichen deshalb interessant, weil sich aus der Antwort ableiten läßt, ob es einen Regelungsbedarf des Staates gibt.

Teufelskreis oder Selbstheilung?

Die zweite Frage für uns war, ob jemand, der in die psychische Störung des problematischen Spielens geraten ist, darin gefangen bleibt und sich im Sinne eines Teufelskreises immer tiefer in dieses Problem verstrickt, oder ob es so etwas wie »Selbstheilung« durch Selbstregulation der Spielintensität gibt.

Über 4 Jahre 300 Spieler viermal befragt

Herbst: Bei dieser Untersuchung haben wir mit 300 Spielern begonnen, die in Westdeutschland in Spielhallen angetroffen wurden und bereit waren, sich jedes Jahr einmal befragen zu lassen. Diese Personen haben wir insgesamt über 4 Jahre verfolgt, wobei nicht immer alle zu jedem Befragungszeitpunkt erreicht wurden.

Die Entwicklung eines Verhaltens und der daraus möglicherweise resultierenden psychischen Belastung ist eine sehr komplexe Angelegenheit, so daß man – wie immer bei solchen wissenschaftlichen Fragestellungen – Restriktionen einführen muß. Deswegen haben wir Kategorien definiert, um Aussagen zur Spielintensität und zur psychischen Belastung zu erhalten.

Intensität des Spiels und psychische Belastung

Da wir unsere Probanden in Spielhallen rekrutiert haben, enthält unser Kollektiv logischerweise nur aktive Spieler. Nach einem Quotenplan wurden darüberhinaus vermehrt Personen mit einer hohen Spielintensität befragt, da bei diesen mögliche pathologische Merkmale besser zu beobachten sind. Als Seltenspieler haben wir Personen eingestuft, die nach eigenen Angaben im letzten Vierteljahr vor dem Befragungszeitpunkt weniger als 1 Stunde pro Woche gespielt hatten. Wer mehr als 1, aber weniger als 5 Stunden gespielt hatte, wurde von uns als Gelegenheitsspieler kategorisiert. Vielspieler war für uns, wer 5 oder mehr Stunden wöchentlich gespielt hatte. Die auf diese Weise er-

Spielerkategorien

faßte Kategorie Spielverhalten beschreibt einfach nur die Spielintensität, unabhängig von Fragen der damit möglicherweise verbundenen Problematik.

Die Gefühle des Spielers unter der Lupe

Die zweite uns interessierende Größe waren die psychischen Wirkungen, die von den Befragten selber in Zusammenhang mit ihrem Spielverhalten genannt wurden. Hierzu haben wir schon vor etlichen Jahren einen Fragebogen mit 20 Fragen entwickelt, der darauf abhebt, wie sich der jeweilige Proband im Zusammenhang mit dem Spielen fühlt – ob er Probleme wie z. B. Ehe- oder Partnerschaftsprobleme oder Probleme am Arbeitsplatz mit seinem Spielverhalten in Verbindung bringt, ob er das Gefühl hat, nicht mehr mit dem Spielen aufhören zu können usw. Bei diesem Fragebogen hat sich im Laufe der Zeit ein Cutoff-Punkt herauskristallisiert, ab dem wir jemanden als psychisch deutlich belasteten Spieler

Von der Norm abweichend

einstufen können. Das bedeutet keine in irgendeinem Sinne definierte Abhängigkeit oder Sucht, wir betrachten einen solchen Spieler lediglich als von der Norm eines normalen Spielers abweichend.

Frage: Wenn Sie jetzt die Kategorien Spielverhalten und Belastung zusammennehmen, dann sind 6 Zustände möglich.

Herbst: So ist es. Das Spektrum reicht vom unbelasteten Seltenspieler bis hin zum belasteten Vielspieler. Möglich sind aber auch die Zustände belasteter Seltenspieler, unbelasteter und belasteter Gelegenheitsspieler sowie unbelasteter Vielspieler. Da wir insgesamt 4 Meßzeitpunkte haben, können wir beschreiben, wie sich der Zustand jedes einzelnen Spielers über die Jahre entwickelt.

Frage: Gestatten Sie bitte noch eine Zusatzfrage. Wie haben Sie die Spieler eingestuft, die Sie zu einem bestimmten Meßzeitpunkt nicht erreicht haben?

Herbst: Das ist eine sehr interessante Frage, denn dieser Zustand war gar nicht so selten. Trotz intensiver Bemühungen konnten von den 300 zu Studienbeginn befragten Personen bei der zweiten Befragung nur 184, bei der dritten 161 und zuletzt nur 142 erreicht werden. Wir haben also den siebten möglichen Zustand »Spieler nicht erreicht«. Von den 300 Spielern der Erstbefragung konnten 199 mindestens einmal nachuntersucht werden. Unsere

Sechs mögliche Zustände

Zum Problem der nicht erreichten Probanden

Verlaufsanalyse beschränkt sich auf diese Teilmenge von 199 Personen, die aber hinsichtlich der Zustandsverteilung bei der Erstbefragung in den Variablen Spieldauer und Spielbelastung keine signifikante Abweichung von der Gesamtstichprobe zeigt.

Frage: Noch eine Frage zu den nicht erreichten Spielern. Könnte es sein, daß sie bei den Wiederholungsbefragungen gar keine aktiven Spieler mehr waren? Ist das vielleicht schon ein erster Hinweis auf die Selbstheilung, von der Herr Dr. Bühringer vorhin gesprochen hat?

Plausibel, aber nicht beweisbar

Herbst: Das ist denkbar und als Hypothese auch durchaus plausibel, mit den von uns erhobenen Daten aber nicht beweisbar, so daß wir unsere Analyse auf jene Spieler beschränken, bei denen wir einen Verlauf über mindestens zwei Meßzeitpunkte dokumentieren können.

Frage: Die zumindest für uns spannendste Frage lautet, ob es einen quasi ätiologisch oder pathogenetisch vorgezeichneten Weg vom unbelasteten Seltenspieler zum belasteten Vielspieler gibt.

Nach bewährtem statistischem Modell

Herbst: Wir haben versucht, mit einem bewährten statistischen Modell (Markov-Kette erster Ordnung) zwei Fragen zu beantworten: a) Wie wahrscheinlich ist es, daß jemand, der eine gewisse Zeit intensiv spielt, durch sein Spielen psychisch belastet wird? Und b) Wie lange dauern solche Phasen an?

Dabei haben sich zwei Dinge sehr deutlich gezeigt. Erstens: Nur relativ wenige unbelastete Spieler wurden über die Zeit zu belasteten Spielern; auch nur wenige Selten- oder Gelegenheitsspieler wurden zu Vielspielern. Zweitens: Wenn aber jemand zum Vielspieler geworden ist, dann hat er eine relativ hohe Chance, dadurch auch belastet zu werden. Dieser Effekt tritt aber in der Regel nicht sofort nach wenigen Tagen oder Wochen ein, sondern erst nach ungefähr einem Jahr.

Mit anderen Worten: Wenn jemand ein Jahr lang mehr als 5 Stunden pro Woche spielt, dann hat er ein relativ hohes, zwischen 30 und 40 Prozent liegendes Risiko, daß sich psychische Belastungen in dem definierten Sinne einstellen.

Frage: Gibt es auch umgekehrte Entwicklungen, also die Entwick-

Relativ schlechte Aussichten für Vielspieler

Das Risiko steigt mit der Intensität

Klare Tendenzen

Wellenförmiger Verlauf von Spielintensität und Belastung

lung von Vielspielen zu Seltenspielen oder von belastet zu unbelastet?
Bühringer: Unsere Untersuchung zeigt klare Tendenzen. Wenn jemand im Sinne unserer vorgegebenen Kategorien nur selten oder gelegentlich spielt, dann ist die Tendenz, zum Vielspieler zu werden, relativ gering. Wer jedoch eine Zeitlang sehr intensiv spielt und dann etwa ein Jahr später relativ starke psychische Belastungen zeigt, der hat eine starke Tendenz, seine Spielintensität zu reduzieren. Diese Spieler fallen wieder zurück in die Gruppe der Seltenspieler, allerdings dauert es noch etwa ein Jahr länger, bevor sich auch die Belastungsphänomene wieder abgebaut haben.

Frage: Würde man nur Ihren ersten Meßzeitpunkt betrachten, dann könnte sich die Interpretation anbieten, daß es Spieler gibt, die durch ihr Spielen psychisch stark belastet sind, obgleich sie nur selten spielen, während es auf der anderen Seite intensive Spieler gibt, die dennoch unbelastet sind.
Herbst: Das wäre aber sehr wahrscheinlich eine Fehlinterpretation, denn die durch unsere Untersuchung mögliche Verlaufskontrolle zeigt sehr deutlich, daß es bei relativ

wenigen Spielern eine Tendenz zur Intensivierung des Spielverhaltens gibt und daß bei 30 bis 40 Prozent der Spieler mit dieser Tendenz sich mit einjähriger Verzögerung psychische Belastungen einstellen. Reduzieren diese Spieler ihre Spielintensität – was die Regel ist –, bauen sich die Belastungen jedoch erst ein Jahr später wieder ab. Anders ausgedrückt: Bei etwa einem Drittel der insgesamt relativ wenigen Spieler, deren Spielintensität wellenförmig zwischen selten und viel variiert, schwingen Phasen der psychischen Belastung mit einjähriger Verzögerung dem Vielspielen nach.

Die Gefahr der genannten möglichen Fehlinterpretation besteht übrigens immer, wenn Sie einen an sich dynamischen Prozeß aufgrund einer Momentaufnahme beurteilen.

Frage: Die zu den späteren Meßzeitpunkten nicht erreichten Spieler lassen mir keine Ruhe. Könnte es sein, daß ein Spieler mit der Tendenz zur wellenförmigen Variation der Spielintensität und der daraus resultierenden, zeitlich nachlaufenden psychischen Belastung sich eines Tages aus dem gerade erreichten Tal des Seltenspielens sozusagen ganz von der Spielbühne verab-

---

Die Belastung hinkt ein Jahr hinterher

Die Momentaufnahme sagt zu wenig

Abschied von der Spielbühne

schiedet und – wiederum mit zeitlicher Verzögerung – sich dann auch seine psychische Störung in Wohlgefallen auflöst?

Bühringer: So könnten Sie unsere Daten interpretieren, solange Sie hinzufügen, daß die Selbstheilung der nicht erreichten Personen eine Hypothese ist. Ich gebe zu, daß diese Hypothese plausibel erscheint, mit unseren Daten aber weder zu belegen noch zu widerlegen ist.

Frage: Wie repräsentativ ist Ihre Längsschnitt-Untersuchung?

Herbst: Gut, daß Sie danach fragen, denn so können wir einem Mißverständnis vorbeugen. Die bei der Erstbefragung von uns erfaßten 300 Spieler entsprechen nicht einem repräsentativen Querschnitt aller Spieler in Deutschland oder der Spieler in Spielhallen, denn wir haben nur aktive Spieler untersucht und uns von vornherein Quoten vorgegeben, denn aufgrund unseres Forschungsansatzes interessierten uns vorrangig die Vielspieler.

Bühringer: Wir gingen davon aus, daß die Vielspieler die kritische Gruppe darstellen, wenn es um psychische Belastungen durch das Spielen geht. Aus Querschnitt-Untersuchungen wissen wir hinreichend,

---

Es bleibt eine Hypothese

Kein repräsentativer Querschnitt

Die kritische Gruppe war wichtig

daß sich von 1984 bis heute in der Häufigkeit des Spielens insgesamt und in der Häufigkeit der Verteilung der verschiedenen Spielintensitäten nichts verändert hat. Durch unsere Längsschnitt-Untersuchung haben wir dazugelernt, daß es unter den jeweils aktiven Spielern einen relativ kleinen Anteil solcher Spieler gibt, die zwischen den einzelnen Kategorien von Spielintensität fluktuieren.

Wenn wir diese Gruppe der in ihrer Spielintensität variierenden Spieler betrachten, dann wissen wir jetzt, daß die deutliche Steigerung der Spielintensität zwar ein relativ seltenes Ereignis ist, das jedoch mit einer 30- bis 40prozentigen Wahrscheinlichkeit mit einer zeitlichen Verzögerung von einem Jahr eine psychische Belastung im Zusammenhang mit dem Spielverhalten nach sich zieht.

Ein relativ seltenes Ereignis

Herbst: Es bleibt höchstwahrscheinlich eine kleine Restgruppe übrig, die wir noch nicht näher quantifizieren können, die über längere Zeit in einem belasteten Zustand verweilt. Ein solcher Zustand hält im Schnitt nur etwa ein Jahr an und wird dann wieder verlassen, was im wesentlichen auf eine Selbstregulation durch Redu-

Vermutlich eine kleine Restgruppe

Häufig funktioniert die Selbstregulation

zieren der Spielintensität zurückzuführen ist.

Die Zahl der Spieler, die durch Selbstregulation wieder von ihrer Belastung loskommen, ist wesentlich größer als die Zahl der belasteten Spieler, die eine Therapie erwägen oder beginnen. Davon haben wir in unserem analysierten Kollektiv – in dem ja Vielspieler gegenüber der Normalbevölkerung deutlich überrepräsentiert sind – nur sehr wenige gefunden.

Ein kaum zu vertretender Kostenaufwand

Frage: Wo sehen Sie im Zusammenhang mit dem Automatenspiel noch Forschungsbedarf?

Bühringer: Was die reine Häufigkeit des Spielens und des Vielspielens betrifft, wissen wir hinsichtlich der Größenordnung und der Tatsache, daß es sich bei dieser Größenordnung um eine vergleichsweise kleine Gruppe handelt, die sich zumindest über die letzten zehn Jahre nicht verändert hat, hinreichend Bescheid. Jede Erhöhung der Genauigkeit, also jede Einengung der anfangs genannten Schwankungsbreite, wäre mit einem Kostenaufwand verbunden, der finanziell kaum zu vertreten ist. Solange angenommen wurde, es gäbe Hunderttausende oder gar Millionen von

Spielsüchtigen, gab es einen großen Bedarf an genauen epidemiologischen Erhebungen, denn diese Größenordnung hätte wahrscheinlich gesetzgeberische Konsequenzen nach sich ziehen müssen.

Aber seit wir wissen, daß es ungefähr 30.000 Vielspieler in den alten Ländern gibt, ist es im Grunde unerheblich, vor allem bei den derzeit sehr begrenzten finanziellen Ressourcen, ob es ganz genau 20.000 oder 40.000 sind. Die Größenordnung steht fest – und sie ist weit geringer, als ursprünglich angenommen wurde.

Vom Forschungsansatz her interessant sind im Moment die Verläufe (also die Frage, ob sich die von Herrn Dr. Herbst ermittelten Ergebnisse reproduzieren lassen – was wir durch eine später begonnene Längsschnitt-Untersuchung gleicher Art in den neuen Bundesländern bereits ermitteln) und die therapeutischen Möglichkeiten für die Personen mit einem pathologischen Spielverhalten, die nicht per Selbstregulation aus der Phase der Belastung herauskommen. Weiterhin gibt es keine Forschung im Bereich der Prävention. Als letztes müssen wir noch die epidemiologischen Entwicklungen in den neuen Bundesländern ab-

Die Größenordnung steht fest

Verläufe von Spielerkarrieren bleiben interessant

warten, da wir dort nur über Daten aus dem Zeitraum 1990-92 verfügen.

Frage: Bitte beschreiben Sie zum Schluß für die statistisch Interessierten unter unseren Lesern das Ihrer Längsschnitt-Untersuchung zugrundegelegte Modell, nach Möglichkeit in vereinfachter Form.

Das Modell der Längsschnittuntersuchung

Herbst: Das Modell der stationären Markov-Kette geht davon aus, daß es eine bestimmte Menge von Zuständen gibt, in denen sich Objekte oder Elemente befinden können, und daß es Übergangswahrscheinlichkeiten von einem Zustand in einen anderen gibt. Das Modell setzt voraus, daß dieser Prozeß der ständigen Übergänge keine wesentlichen Veränderungen erfährt. Eine wesentliche Veränderung wäre es beispielsweise, wenn in einer Population ein bestimmtes Verhalten im Zeitverlauf konstant zunehmen würde. In unserem Falle wird angenommen, daß Spielverhalten und daraus resultierende Belastung gleichmäßig um einen Grundzustand schwanken, der wellenförmig immer wieder in die eine oder andere Richtung verlassen wird.

Die Eignung überprüfen

Ob das Modell für den jeweiligen Untersuchungsgegenstand geeignet ist, läßt sich dadurch überprüfen, daß man untersucht, ob die durch das Modell zu verschiedenen Zeitpunkten erwarteten Häufigkeiten der Übergänge von einem Zustand in einen anderen mit den beobachteten Übergängen zu den Meßzeitpunkten übereinstimmen. Das war in unserer Untersuchung der Fall.

Das besondere an dem gewählten Modell besteht darin, daß es eine globale Schätzung der Wahrscheinlichkeiten der möglichen Zustände erlaubt, die von der durch das Stichprobenverfahren bedingten Verzerrung der Startverteilung unabhängig ist. Der Prozeß schwingt sozusagen ein, es wird rechnerisch eine globale Schätzung der Wahrscheinlichkeiten der einzelnen Zustände möglich. Gilt das Modell mit allen Nebenannahmen, dann kann in unserem Falle aus den Verlaufsdaten geschätzt werden, wie groß die Anteile der einzelnen sechs Klassen von Spielern pro Jahr sein werden.

Verlaufsdaten als Basis neuer Schätzungen

Johannes C. Brengelmann

Fünf Persönlichkeitsmerkmale programmieren den Weg zum Erfolg

Johannes C. Brengelmann, München

Professor Dr. Dr. Johannes C. Brengelmann, Ph. D., ist Arzt und Diplom-Psychologe. Nach vielen Jahren der Forschung und der Lehre in England und Amerika war er von 1966 bis 1988 Direktor am Max-Planck-Institut für Psychiatrie in München. Seit seiner Emeritierung ist Brengelmann, der als einer der weltweit führenden Verhaltenspsychologen gilt, Direktor des Center for Behavioural Excellence in München.

Frage: Sie haben in den langen Jahren Ihrer Verhaltensforschung in großen Feldstudien die Persönlichkeitsbilder von Spielern und Nichtspielern verglichen. Wo ist das Bindeglied zwischen dem normalen Spieler, dem problematischen Spieler und dem abnormen Spieler?

Brengelmann: Wir – und mit uns alle, die jemals systematisch die Persönlichkeit von Spielern erforscht haben – haben immer nur Gesunde untersucht. So gern ich einmal Gruppen von Patienten mit pathologischem Spielverhalten sui generis untersucht hätte – also Patienten, die ausschließlich in ihrem krankhaften Spielverhalten von gesunden Normalbürgern abweichen –, habe ich solche Menschen leider nie gesehen.

Wo immer in ernstzunehmenden Publikationen von abnormen Spielern die Rede ist, handelt es sich entweder um Patienten mit auffälligem Spielverhalten und psychiatrischen Diagnosen oder um exzessives Spielen im Rahmen von Persönlichkeitsstörungen oder um andere Kombinationen von auffälligem Spielverhalten mit wie auch immer gearteten anderen medizinischen oder psychiatrischen Erkrankungen. So sehr man sich bemüht, findet man

Gesunde Spieler im Gegensatz zu...

...Spielern mit sehr unterschiedlichen Störungen

bezüglich des krankhaften Spielens keine Krankheitseinheit, sondern im Gegenteil einen bunten Strauß unterschiedlichster Entstehungsbedingungen.

Frage: Was bedeutet das für die immer wieder behauptete Krankheit Spielsucht?

Brengelmann: Wenn Spielen eine Sucht wäre, müßte es bei Spielsüchtigen vergleichbare Symptome geben, die sich bei allen betroffenen Patienten zeigen. Das ist aber nicht nicht der Fall, womit im Grunde die Suchthypothese schon ad absurdum geführt ist.

Frage: Aber es gibt doch Spieler, die in Probleme geraten und beispielsweise einige hunderttausend Mark verspielen.

Brengelmann: Diese Leute haben Probleme, weil sie verloren haben, nicht weil sie gespielt haben. Wenn es eine Spielsucht gibt, dann muß Spielen ein Suchtmittel sein und dann muß es vergleichbare Wege geben, die unter den unterschiedlichsten Rand- oder Rahmenbedingungen vom Spielen immer wieder reproduzierbar zum Krankheitsbild der Spielsucht führen. Unsere Experimente zeigen aber deutlich, daß

Keine vergleichbaren Symptome

Spielen wirkt nicht wie ein Bazillus

häufiges Spielen allein nicht zu Problemen führt. Das Spielen wirkt nicht wie ein Bazillus, dessen Vermehrung zur Krankheit führt.

Frage: Wenn wir Sie richtig verstehen, geht es darum, bei problematischen oder kranken Spielern Persönlichkeitsmerkmale herauszuarbeiten, die für diese typisch sind und bei anderen Personengruppen nicht vorkommen. Gibt es solche Merkmale?
Brengelmann: Eben nicht! Kontrollierte Spieler sind im wesentlichen Menschen, die in ihren Persönlichkeitsmerkmalen Erfolgstypen sehr ähnlich sind. Deswegen ist das Spielverhalten als kontrolliertes Ausleben von Risikolust und -bereitschaft viel eher ein Hinweis auf die psychische Gesundheit und das Erfolgsstreben als ein Indiz für Mißerfolg oder gar Krankheit.

Frage: Nun gibt es aber nicht nur kontrollierte Spieler, sondern auch unkontrollierte. Wie steht es um deren Persönlichkeitsmerkmale?
Brengelmann: Zunächst einmal ist festzustellen, daß der Anteil der unkontrollierten Spieler gegenüber dem der kontrollierten verschwindend gering ist, was allerdings

Ähnlichkeit mit Erfolgstypen

Entscheidend ist die Persönlichkeitsstruktur

nichts an der Tatsache ändert, daß es Menschen gibt, die unkontrolliert spielen. Diese Menschen weisen von der Norm abweichende Persönlichkeitsmerkmale auf, die mit denen von Erfolglosen in anderen Bereichen vergleichbar sind.

Das Spielangebot ist Nebensache

Damit bleibt mir erneut nichts anderes übrig, als zu betonen, daß jemand nur dann zum belasteten oder kranken Spieler werden kann, wenn seine Persönlichkeitsstruktur entsprechend ist. Die Spielangebote, die diese Spieler nutzen, sind dagegen nebensächlich. Das Spielen an sich oder bestimmte Spiele können kein problematisches Spielen verursachen, die Ursache des auffälligen Verhaltens liegt stets in der Persönlichkeit.

Frage: Das Spiel an Geldspielautomaten – und darauf wollen wir uns konzentrieren – steht ja im Mittelpunkt der Diskussion um die Spielsucht, erstaunlicherweise nicht das Casinospiel, bei dem es um sehr viel mehr Geld und Risiko geht. Welche Rolle spielt das Geld in diesem Zusammenhang?

Viel Spekulation

Brengelmann: Sowohl über die Verwirklichung oder Bewältigung der eigenen Lebensziele als auch über den Umgang mit Geld und

Gut ist von Dichtern und Denkern seit Urzeiten viel spekuliert aber wenig geforscht worden.

Wir haben am Max-Planck-Institut für Psychiatrie Tausende von gesunden und verhaltensgestörten Versuchspersonen mit Tausenden von Items befragt, welches Verhalten ihr Leben erfolgreich gestaltet und welches den Erfolg verhindert. Aus den Millionen von Antworten haben wir ein Testsystem entwickelt, das die gelungene Selbstverwirklichung durch fünf Hauptmerkmale und die Verhinderung der Selbstverwirklichung durch ebenfalls fünf Hauptmerkmale erklärt.

Positive Auswirkungen haben danach das Erfolgsstreben, die Besonnenheit im Vorgehen, die freiheitliche Selbstbestimmung, die soziale Kompetenz und die Fähigkeit, seinen Ärger zu kontrollieren. Negativ dagegen wirken sich Streßreaktionen, negative Lebensbewertung (Pessimismus), soziale Inkompetenz, soziales Desinteresse sowie Zurückhaltung aus.

Frage: Wie ordnen sich die Menschen in dieses Merkmals-Schema ein?

Brengelmann: Die Menschen beschreiben sich selbst in der Regel als

Merkmale für die gelungene Selbstverwirklichung...

...und die verhinderte Selbstverwirklichung

Schema der Merkmale

außerordentlich besonnen und sicherheitsorientiert, nicht aber als nach Erfolg und Besitz strebend. Hervorragend verhaltenskompetente Personen aus der Geschäftswelt und Industrie machen hier eine Ausnahme: Sie sind besitzorientiert und lieben das gesteuerte, kontrollierte Risiko. Medizinisch Kranke dagegen sind gestreßt, psychiatrische Patienten sind neben vielfachen Störungen in dieser Skala lustfeindlich. Auch Gesunde mit einem hohen Streßpegel oder emotional Gestörte sind lust- und damit auch spielfeindlich.

Frage: Und wie steht es um den Umgang mit Geld?

Ein weites Feld im Umgang mit Geld

Brengelmann: Im Umgang mit Geld unterscheiden sich Personen im Hinblick auf viele Verhaltensmerkmale. Überdurchschnittlich ausgeprägt ist die Bereitschaft, sein Geld durch harte Arbeit zu verdienen, außerordenlich sparsam und gleichzeitig finanziell optimistisch zu sein. Die Vorliebe für Wohlstand und Luxus ist jedoch nur schwach ausgeprägt. Gegen Spekulationslust, Spiel- oder Risikolust besteht eine Abneigung und auf Verluste wird empfindlich negativ reagiert. Die meisten Deutschen sehen ihre finanzielle Laufbahn mit sehr nüchternen Augen und haben ein zwiespältiges Verhältnis zu Geld.

Frage: Lassen sich Ihre Erhebungen zur Selbstverwirklichung und zum Umgang mit Geld unter einen Hut bringen?
Brengelmann: Insgesamt werden Besitzstreben und spekulativer Umgang mit Geld sowie damit verbundene Lustzustände tabuisiert oder mit doppelbödiger Moral behandelt, während es keinen Mangel an »workaholics« gibt. Wer aber das Erfolgsstreben als Hauptweg der Selbstverwirklichung auf seine Fahne geschrieben hat, der glaubt auch an seinen finanziellen Erfolg, hofft auf Gewinn, hat Wohlstand zum Ziel und Sinn für Luxus. Gestreßte Selbstverwirklicher streben zwar auch nach Wohlstand, scheitern dabei jedoch, weil sie ihr Geld zurückhalten und weil es ihnen an Spiel- und Risikolust fehlt.

Frage: Der Umgang mit Geld hat ja demnach sehr viel mit der Persönlichkeit des einzelnen zu tun. Können Sie in diesem Zusammenhang den Spieler etwas näher beschreiben, der sich an Geldspielautomaten betätigt?

Moral mit doppeltem Boden

Geldspieler halten ihr Geld eher zusammen

Brengelmann: Betrachten wir das Thema einmal aus dem Blickwinkel Spiellust und unterscheiden dabei Menschen, die mit oder um Geld spielen, von solchen, die ihre Spiellust eher mit Geschicklichkeitsspielen oder sportlichen Aktivitäten befriedigen. Die Geldspieler sind interessanterweise gar nicht so geldbesessen, wie man meinen könnte, die Geschicklichkeitsspieler gehen viel lockerer mit Geld um als die Geldspieler. Wer mit oder um Geld spielt ist – und das völlig im Gegensatz zum Geschicklichkeitsspieler – sparsam in dem Sinne, daß er sein Geld zusammenhält, um zum richtigen Zeitpunkt für eine gute Investition etwas in der Brieftasche vorrätig zu haben.

Frage: Spielen hat ja nahezu immer etwas mit Risiko zu tun. Auch das tägliche Leben hat etwas mit Risiko zu tun. Unterscheiden sich die täglichen Aktivitäten der einzelnen Menschen durch eine unterschiedliche Ausprägung ihrer Risikolust?

Risikolust scheidet die Aktivitäten in zwei Welten

Brengelmann: Von der Struktur her gesehen ist Risikolust nur aus der Kombination von Aktivitäten und Dispositionen (oder Neigungen zur Ausführung von Aktivitäten) zu verstehen. Risikolust teilt die täglich

ausgeführten Aktivitäten in zwei unterschiedliche Welten ein, nämlich in eine Welt hohen Risikos und hoher spielerischer Intensität und in eine Welt der Maßhaltung, des Sparens und der Risikoarmut.
Ein praktisch nutzbares Ergebnis unserer Forschungsarbeit besteht in der Erkenntnis, daß alles Riskieren, Spielen und Spekulieren unabhängig von der sonstigen Beschaffenheit der Aktivitäten und Dispositionen zusammengehören. Es ist gleichgültig, ob man um Geld, der Konkurrenz willen oder des sportlichen Einsatzes wegen spielt oder riskiert. Die Effekte sind unter normalen Umständen verwandt.
Das zweite für praktische Zwecke wertvolle und sehr anregende Ergebnis betrifft den Einfluß der Dispositionen auf die Aktivitäten: Die Dispositionen kontrollieren die Aktivitäten. Das einfach zu beschreibende und zu verwertende Ergebnis ist, daß positive Dispositionen stets positiv und negative stets negativ mit den Risikolust-Aktivitäten korrelieren. Aus dieser Erkenntnis lassen sich Voraussagen ebenso für experimentelle wie für praktische und alltägliche Situationen ableiten: Der positive Antrieb von Risikolust-Aktivitäten hat stets positive Konse-

Verwandte Effekte

Das positive oder negative Verhaltensmuster schlägt bei jeder Aktivität durch

quenzen, während der negative Antrieb Probleme mit den Aktivitäten schaffen kann. Dies gilt für Aktivitäten aller Art – gleichgültig, ob es um Sport, Spiel oder Geld geht.

Frage: Zum Schluß eine kühne Frage. Lassen sich die in der öffentlichen Meinung bestehenden Unstimmigkeiten zum Thema Spielsucht und Spiellust aus dem von Ihnen beschriebenen Bedingungsgefüge erklären? Liegt es vielleicht an der Person oder Persönlichkeit eines Berichterstatters, wie er die risikobereiten Aktivitäten seiner Mitmenschen beurteilt?

Brengelmann: Ich halte diese Frage gar nicht für so kühn, denn ich meine in der Tat, daß Asketen und andere Bürger, die der Risikolust abgeneigt sind und sie nicht praktizieren, unübersehbar dazu neigen, alle risikoorientierten Aktivitäten zu verurteilen. Nahezu alle, die sich in der letzten Zeit an einer Verteufelung des Geldautomatenspiels beteiligt haben, sind in dem Sinne verwandt, daß ihnen eine ausgeprägte Lustfeindlichkeit gemeinsam ist. Die positiv Eingestellten bzw. die Normalbürger haben dagegen keine Probleme mit

Lustfeindlichkeit prägt die persönliche Einstellung zu jedem Risiko

Sport-, Spiel- oder Geldrisiken und praktizieren diese auch ohne Gefahr.
Die von Ihnen angesprochenen Unstimmigkeiten in der öffentlichen (besser in der veröffentlichten) Meinung sind also der persönlichen Einstellung zuzuschreiben und besitzen keine sachliche Begründung. Bei den genannten Verurteilungen und Verteufelungen handelt es sich um psychologisch aus der Persönlichkeitsstruktur der Urteilenden erklärbare Vorurteile, denen man entschieden entgegentreten sollte.

Gegen Vorurteile eintreten

Peter Struck

Die Weichen zur Sucht werden schon beim Kleinkind gestellt

Peter Struck,
Hamburg

Professor Dr. Peter Struck war zunächst Volks- und Realschullehrer in Hamburg, ehe er bei der Schulbehörde der Hansestadt für die Gestaltung der Haupt- und Realschulen zuständig wurde und 1978 eine Professur für Erziehungswissenschaften an der Hamburger Universität erhielt. Er gehört zu den Erziehungswissenschaftlern, die neue Wege gehen, um Verhaltensstörungen Jugendlicher zu behandeln.

Frage: Wenn von exzessivem Spielen die Rede ist, fällt leicht der Begriff der Spielsucht. Ist die Zuordnung zur Kategorie Sucht korrekt?

Struck: Es gibt einen engen und einen weiten Suchtbegriff. Im medizinischen Sinne ist eine Sucht an einen Suchtstoff gebunden, etwa an Nikotin, Alkohol oder illegale Drogen; vor diesem Hintergrund von Spielsucht zu sprechen, ist falsch, denn es wird keine Droge von toxischer Relevanz konsumiert.

Nun hat man den Begriff der nichtstoffgebundenen Süchte geprägt und gemeint, auf diesem Wege auch exzessives Verhalten jeder Art als Sucht deklarieren zu können. Hiergegen wehren sich die Psychiater mit gutem Recht, denn – und das ist der Bereich, über den ich Aussagen machen kann – wenn Sie sich das krankhafte, überdosierte, exzessive Spielbedürfnis bei Kindern und Jugendlichen ansehen, dann muß es als Flucht aus den Problemen des Alltags interpretiert werden. Die Ursache liegt also nicht im Spiel selbst begründet, das Spielen ist nur Symptom, insofern ist auch im Sinne dieser Definition Spielsucht ein unzutreffender Begriff.

Andere wiederum sind bemüht, den Begriff Spielsucht zu vermeiden

Im engeren Sinne keine Sucht

Die Psychiater wehren sich mit gutem Recht

Das Spielen ist nur Symptom

Drei Kriterien

und unterscheiden zwischen problematischem und pathologischem Spielen. Sie orientieren sich an drei Merkmalen: 1. Hat der Zeit- und/oder Geldaufwand für das Spielen ein so hohes Ausmaß angenommen, daß ein Leidensdruck entsteht? 2. Ist die alltägliche Lebensführung derart gedanklich, emotional und verstandesmäßig auf das Spielen ausgerichtet, daß Beruf und/oder Familie vernachlässigt werden? 3. Treten im sozialen Umfeld Störungen auf? Wenn alle drei Faktoren erfüllt sind, dann ist von pathologischem Spielen zu sprechen, bei zwei Faktoren von problematischem Spielen.

Frage: Ist das exzessive Spielen nun eine Sucht oder nicht?

Der Suchtbegriff ist so problematisch wie der Spielbegriff

Struck: Der Suchtbegriff ist sicher problematisch, aber das finde ich nicht weiter schlimm, denn auch der Spielbegriff ist problematisch. Wie wollen Sie Spiel definieren? Eine der ältesten Definitionen beschreibt Spiel als Gegensatz zu Arbeit und als Gegensatz zu Ernst. Gegensatz zur Arbeit soll sagen, daß Spielen zweckfrei ist. Aber das stimmt nicht, denn das Kind, das einen Turm aus Bauklötzen baut, verfolgt eindeutig den Zweck, eine bestimmte Höhe zu erreichen, ohne daß der Turm zusammenbricht. Auch der Gegensatz zu Ernst stimmt nicht. Wenn Sie sich kleine Kinder ansehen, die ins Spiel versunken sind, dann merken Sie sehr schnell, für die ist Spiel bitterer Ernst.

Im Sinne einer biologischen Definition hat Spielen den Sinn, den späteren Ernst des Lebens zu trainieren, so wie jungen Hunde raufen, um später im Umgang mit der Beute oder im Rahmen von Rangordnungskämpfen die Oberhand zu behalten.

Spiel als Training für den Ernst des Lebens

Frage: Wie würden Sie denn heute Spielen definieren?
Struck: Meine Studenten meinen, Spielen habe mit Kreativität zu tun, sei lustbetont, stehe im Kontrast zur Professionalität. Das alles kann es nicht sein, denn dann wäre das Fußballspiel von Profis kein Spiel. Andere nennen alles das Spiel, was Kinder tun. Das kann nicht stimmen, denn es gibt auch Kinderarbeit und Erwachsenenspiele. Eigentlich dürfte es den Begriff des Spielens gar nicht geben.

Die Spielpädagogen haben eine Definition, die nur für das Kind gilt: Spiel nimmt die Erprobung der Lebenstüchtigkeit oder die Ernsthaftigkeit der Erwachsenenwelt vorweg.

Keine Definition trifft voll und ganz

Problematische Grenzziehung

Wenn Mädchen mit der Puppe spielen, dann spielen sie die spätere Mutterrolle.
Wenn Sie die Soziologen nach ihrem Spielbegriff fragen, dann beziehen die alles ein, was in der Freizeit aus freier Entscheidung gemacht wird – und schon haben Sie Abgrenzungsschwierigkeiten zum Hobby, zum Steckenpferd.

Frage: Dann wenden wir uns den Problemen zu, die es im Zusammenhang mit dem – wie auch immer definierten – Spielen geben kann. Ist hier die Eingrenzung etwas einfacher?

Wenn die Dosierung nicht stimmt

Struck: Ich meine schon. Ein pädagogisches Problem mit dem Spielen ist immer dann da, wenn die Dosierung nicht stimmt. Hier haben wir es mit den beiden Polen Unterversorgung und Überversorgung zu tun. Die Unterversorgung wird z. B. daran gemessen, daß die Kinder um die Jahrhundertwende noch etwa 100 Spiele draußen auf der Straße spielen konnten, während es heute im Schnitt nur noch fünf sind. Es gibt Regionen und Stadtteile, da beklagen Kindergärtnerinnen und Grundschullehrer, daß die Kinder überhaupt nicht mehr spielen können, daß ihnen nichts einfällt.

Eine zweite Form der Unterversorgung wird damit beschrieben, daß Kinder zwar mit anderen, nicht aber allein spielen können; sind sie allein, nerven sie ihre Eltern oder sitzen vor dem Fernseher. Als dritte Form der Unterversorgung wird beschrieben, daß sich Kinder heute nicht mehr mit hoher Konzentration und ohne Ablenkungsmöglichkeit so sehr in ein Spiel versenken können, daß sie dann wirklich nicht mehr ansprechbar sind.

In der vierten immer wieder geführten Klage geht es schon um eine Bewertung, die in Frage gestellt werden muß: Kinder spielen heute nicht mehr so wertvoll.

Meist wird die Unterversorgung beklagt

Frage: Was heißt wertvoll im Zusammenhang mit dem Spielen?

Struck: Ein wertvolles Spiel erkennt man an drei Kriterien: Es fordert und fördert Kreativität, es ist sozial (also ein Gruppenspiel) und es ist leistungsorientiert, d. h. man stellt etwas her, bastelt und dergleichen.

Was macht ein Spiel wertvoll?

Ich persönlich bin skeptisch, was die Unterversorgung anbetrifft, und vermute, dahinter steckt eine Wertung, die nicht statthaft ist. Ich bin der Meinung, daß Kinder heute nicht weniger spielen, sondern an-

Kinder spielen heute nicht weniger, sondern anders

ders. Man sieht, daß die Kinder heute weniger mit dem Ball spielen, weniger Räuber und Gendarm und weniger Mensch ärgere Dich nicht. Stattdessen sitzen sie stundenlang am Bildschirm, sei es der Computer, seien es Videospiele oder der Fernseher. Von einer Unterversorgung zu sprechen, nur weil heute anders gespielt wird, halte ich für problematisch.

Frage: Und wie sieht es im Bereich der Überdosierungen aus? Gibt es so etwas nur bei bestimmten Spielen?
Struck: In allen möglichen Bereichen vom Computer bis zur elektrischen Eisenbahn gibt es die Fälle, in denen Kinder so intensiv spielen, daß sie keine sozialen Kontakte mehr haben, daß sie Freunde verlieren oder keine neuen kennenlernen. Hier stellt sich die Frage nach Ursache und Wirkung. Verlieren diese Kinder und Jugendlichen ihre Sozialkontakte, weil sie so intensiv spielen? Ich glaube, daß es umgekehrt ist, daß sie soviel spielen, weil sie keine Sozialkontakte haben.

Wenn gelegentlich Eltern beklagen, daß ihre Kinder stunden- und tagelang vor dem Computer sitzen, dann muß man immer fragen, wie lange sie den Computer schon haben.

Bei Überdosierung nach Ursache und Wirkung fragen

Eltern haben oft falsche Maßstäbe

Wenn ein Kind oder Jugendlicher in den ersten Wochen täglich 8 Stunden oder auch schon mal 15 Stunden mit dem Computer verbringt, dann ist das völlig normal und überhaupt nicht schlimm. Wenn das über viele Jahre so geht, dann ist es schon bedenklicher.

Frage: Sind die Spielhallen mit ihren Geldspielautomaten Orte, an denen Kinder und Jugendliche Freizeitaktivitäten entfalten?
Struck: In diesen Spielstätten ist Jugendlichen unter 18 Jahren der Zutritt verboten. Ich habe den Eindruck, daß dies weitgehend eingehalten wird, wobei es – wie überall – sicher Ausnahmen von der Regel gibt. Ich glaube, daß es gar nicht in erster Linie um diese Daddelautomaten geht, sondern daß es um Überdosierungen im Spielbereich allgemein geht, also ums Automatenspiel, um Computerspiele, um Videofilme, ums Fernsehen. In normaler Dosierung ist der Besuch einer Spielhalle so harmlos wie das Lesen eines Buches.

Frage: Was sind das für Menschen, die exzessiv spielen?
Struck: Bei erwachsenen Exzessivspielern ist auffällig, daß sie sehr

> In normaler Dosierung ist der Besuch einer Spielhalle so harmlos wie Lesen

Spielen als Kompensation

häufig Partner-, Berufs- oder Qualifikationsprobleme haben. Ihnen bietet sich das Spielen als kompensatorischer Bereich für Ersatzbefriedigungen an, denn hier können sie zumindest vorübergehend Erfolge haben.

Rangordnung via Tüchtigkeit oder Beliebtheit

Der Hamburger Psychologe Peter Hofstätter hat einmal gesagt, daß alle Menschen ein Rangordnungsbedürfnis haben, das umso ausgeprägter ist, je jünger die Menschen sind. Dieses Rangordnungsbedürfnis wird entweder über Tüchtigkeit oder über Beliebtheit befriedigt, und wenn das nicht möglich ist, über Stärke, also über Gewalt. Menschen, die besonders beliebt sind, vernachlässigen den Bereich der Tüchtigkeit, während die, die nicht beliebt sind, sich ein Bewährungsfeld suchen, in dem sie sich durch Tüchtigkeit bestätigen können.

Ersatzbefriedigung

Hat man also weder in der Familie noch im Beruf Erfolg und ist man auch kein guter Sportler, dann sucht man nach einem Feld, das einem zumindest vorübergehend Erfolgschancen verspricht. Das kann dann beispielsweise der Glücksspielbereich sein. So gibt es Untersuchungen, aus denen hervorgeht, daß die Mehrheit der Lotto- und Toto-Spieler Menschen sind, die sich im Beruf

nicht durch besonderen Erfolg hervortun.
Bei Kindern kann exzessives Spielen auch anders entstehen, weil sie sich begeistern und anstecken lassen und etwas mitspielen – durchaus auch exzessiv –, weil der Freund oder die Gruppe es spielt.
Bei den Jugendlichen, die problematisch oder pathologisch viel spielen, fällt auf, daß sie durchweg keinen Schulabschluß haben, Heimkinder sind und ein ungünstiges Selbstkonzept in dem Sinne haben, daß sie sich selbst ablehnen.

Jugendliche Problemspieler lehnen sich selbst ab

Frage: Wird im Spiel die Hierarchie gesucht, von der Sie vorhin sagten, daß sich jeder Mensch nach ihr sehnt?
Struck: Nahezu alle Spiele sind lustbetont und haben etwas mit Hierarchie zu tun. Fast alle Spiele sind auf eine lustbetonte Weise erfolgsorientiert oder zielorientiert, daher sind sie auch zunächst einmal für jeden verlockend. Das Problem beginnt immer erst bei der Überdosierung. Und da fällt mir auf, daß es gar nicht so sehr um die Inhalte geht, sondern viel stärker um formale Dinge. Alkoholiker, Drogensüchtige, Hooligans und Spielsüchtige haben formal sehr viel gemeinsam.

Fast alle Spiele sind erfolgsorientiert

Bemühen um Anerkennung

Immer geht es um das Bemühen um Anerkennung in einer Gruppe, um die Abnahme von Orientierungsschwierigkeiten, denn immer ist vorgegeben, wie man zu sprechen hat, wie man sich zu kleiden hat, was man in der Freizeit zu machen hat, wie das Feindbild aussieht und welche Mittel man diesem Feind gegenüber einzusetzen hat.

Spielregeln ersetzen persönliche Normvorstellungen

Es sind im Grunde immer Spielregeln vorhanden, die umso bereitwilliger anerkannt werden, je weniger persönliche Normvorstellungen vorhanden sind.

Frage: Wenn es denn die eigene Erfolglosigkeit, die persönliche Orientierungslosigkeit ist, die für Sucht im weitesten Sinne prädisponiert, wovon hängt es dann ab, in welche Abhängigkeit ein Individuum gerät?

Der Zufall spielt eine große Rolle...

Struck: Bei den Subkulturen der Jugendlichen ist es zufällig, ob man zu Skinheads, Hooligans oder zu einer Jugendsekte kommt oder einer Autoknacker-Bande angehört. Wir wissen, daß 90 Prozent durch zufällige Freunde zu einer dieser Gruppierungen stoßen, während echte Ideologieträger ganz selten sind. Es ist keine bewußte Entscheidung, denn formal wird immer das gleiche

geboten: Geborgenheit, Orientierung, Anerkennungsmöglichkeiten, Rangordnung.
Bei der Überdosierung bestimmter Verhaltensformen oder der Überdosierung im Konsum von Rauschmitteln passiert formal auch immer dasselbe. Es ist also wirklich ziemlich zufällig, ob jemand versucht, seine persönlichen Defizite mit Alkohol, mit Tabletten, mit illegalen Drogen oder mit Spielen zu kompensieren. In unserer Gesellschaft ist das Alkoholproblem am weitesten verbreitet, in Südamerika ist es das Drogenproblem. Im Kern geht es immer darum, ein Problem nicht direkt angehen zu müssen, ihm auszuweichen und es zu verdrängen.

Frage: Wie stellt sich aus Ihrer Sicht der pädagogisch-therapeutische Ansatz dar?
Struck: Man versucht vieles, wobei das meiste wenig Erfolg hat. Der institutionelle Ansatz beispielsweise funktioniert nicht, womit ich das Jugendamt, Heime und Entzugsanstalten jeglicher Art meine. Eine von zwei Dimensionen der erfolgreichen Therapie ist die menschliche Bindung zwischen dem Therapierten und dem Thera-

...wenn es darum geht, Probleme zu verdrängen

Menschliche Bindung...

...und Bewährungsfelder

Skepsis gegenüber Psychotherapie

Die Probleme nehmen zu...

peuten, die umso stärker ist, je intensiver die beiden zusammenleben. Die zweite Dimension besteht in der Eröffnung von Bewährungsfeldern, in denen der Patient oder Klient seine niedrige Rangordnungsposition verlieren kann. Um konkret zu werden: Alle Konzepte, die zum nachträglichen Erwerb eines Schulabschlusses oder zum Abschluß einer Ausbildung führen, die in einen erwünschten Beruf münden, aber auch alle Konzepte, die zu einem Lebenspartner führen, haben gute Erfolgsaussichten. Dies alles geht meiner Meinung nach in Institutionen nicht; aus demselben Grunde stehe ich auch der Psychotherapie skeptisch gegenüber, weil sie nur eine befristete, nicht auf Dauer angelegte ernsthafte Bindung ist.

Frage: Wie kommt es, daß exzessives Verhalten und süchtiger Konsum auf breiter Front zuzunehmen scheinen? Liegt es an der zunehmenden Verfügbarkeit der Verführungen?

Struck: Zunächst einmal scheinen Probleme dieser Art nicht nur zuzunehmen, sie nehmen tatsächlich zu. Und das nicht nur bei uns, sondern weltweit. Das hängt nicht mit der

Verfügbarkeit irgendwelcher Angebote zusammen, sondern mit der immer größer werdenden Anzahl von Menschen, die anfällig für eine Sucht im weitesten Sinne sind, also Menschen, die ohne Liebe aufgewachsen sind und immer ohne Erfolg waren. Das hängt auch damit zusammen, daß wir in einer pluralistischen Gesellschaft leben, in der verbindliche Werte zunehmend an Bedeutung verlieren. Und das liegt schließlich daran, daß die Religionen, die in den meisten Gesellschaften über Jahrhunderte und Jahrtausende den Ton und die Richtung angegeben haben, als normativer Faktor mehr und mehr in den Hintergrund treten.

...weil verbindliche Werte an Bedeutung verlieren

Frage: Gegen den allgemeinen Wertewandel in einer Gesellschaft ist der einzelne ja ziemlich machtlos. Kann der einzelne dennoch in seinem engsten Umfeld etwas tun, gibt es so etwas wie einen präventiven Ansatz?
Struck: Es gibt einen übergeordneten Gesichtspunkt, der alle Subformen von Sucht klammert. Es gibt in den ersten drei bis vier Lebensjahren so etwas wie eine Erziehung zur Sucht, besser gesagt zur Suchtbereitschaft. Ich rede hier nicht von einer

Der beste Schutz ist Zuwendung in den ersten Lebensjahren

Theorie, sondern von einem Phänomen, das man in Langzeitstudien nachgewiesen hat, das man auch immer wieder findet, wenn man einen auffällig gewordenen Menschen biographisch zurückverfolgt. Immer wenn diese Menschen in den ersten drei oder vier Jahren Zuwendung wollten, erhielten sie eine Substitution, also einen Ersatz.

Spielzeug statt Körperkontakt

Ein kleines Kind, das Körperkontakt, Zuwendung, Ansprache der Mutter wünscht, bekommt stattdessen etwas Materielles, sei es nun Spielzeug oder Nahrung. Dieses Kind lernt und verinnerlicht sehr früh, daß es für alles, was ihm wichtig ist, einen Ersatz gibt.

Frühkindliche Erfahrungen brechen sich Bahn

Diese frühkindliche Erfahrung bricht sich dann zwölf oder 15 Jahre später, wenn ein massives Lebensproblem auftaucht, plötzlich wieder Bahn. Wenn dann der Schulabschluß nicht erreicht wird, kein Ausbildungsplatz zu bekommen ist oder die Freundin wegläuft, dann wird das Problem nicht direkt angegangen, dann wird auf einen Ersatz ausgewichen. Je massiver das Problem für einen solchen Menschen ist, desto exzessiver wird sein Umgang mit diesem Ersatz sein. Und schon sind wir mitten in einer Sucht.

Anschriften der Experten

Prof. Dr. Hellmuth Benesch
Rheinblick 16
55263 Wackernheim

Prof. Dr. med. Dr. rer. nat.
Johannes C. Brengelmann
Wartburgplatz 2
80804 München

Dipl.-Psych. Dr. Gerhard Bühringer
Max-Planck-Institut
für Therapieforschung
Parzivalstr. 25
80804 München

Prof. Dr. Henning Haase
Johann-Wolfgang-Goethe-Universität
Fachbereich 21
Postfach 111932
60054 Frankfurt/Main

Prof. Dr. med. Iver Hand
Universitäts-Krankenhaus-Eppendorf
Psychiatrische und Nervenklinik
Martinistr. 52
20251 Hamburg

Dipl.-Psych. Dr. Klaus Herbst
Max-Planck-Institut
für Therapieforschung
Prazivalstr. 25
80804 München

Klaus Hübner
Paderborner Str. 9
10709 Berlin

Rolf Hüllinghorst
Deutsche Hauptstelle gegen
die Suchtgefahren e.V. (DHS)
Westring 2
59065 Hamm

Dr. Henry Puhe
Institut für Sozialforschung
und Kommunikation – SOKO
Gotenstr. 45
33647 Bielefeld

Prof. Dr. Erwin K. Scheuch
Universität Köln – Institut für
Angewandte Sozialforschung
Greinstr. 2
50939 Köln

Dipl.-Psych. Dr. Andreas Schulze
Fachambulanz des
Diakonischen Werkes Wolfsburg e.V.
Goethestr. 11
38440 Wolfsburg

Prof. Dr. Alphons Silbermann
Rolandstr. 69
50677 Köln

Prof. Dr. Peter Struck
Universität Hamburg
Fachbereich Erziehungswissenschaften
Sedanstr. 19
20146 Hamburg

Dr. med. Jörg Weidenhammer
Hainstr. 11
04109 Leipzig

Aus der Schriftenreihe **Experten im Gespräch** sind in gleicher Ausstattung weitere Bände erschienen:

Experten
im Gespräch

Band 1
Das Parkinson-Syndrom
(3. Auflage)
Pathogenese, Diagnose, Therapie

Band 2
Hypertonie I
(z. Z. nicht lieferbar)

Band 3
Klimakterische Beschwerden
(2., aktual. und ergänzte Aufl.)
Ovarielle Stimulation
als neues Therapieprinzip

Band 4
Peptische Erkrankungen des oberen Gastrointestinaltraktes
(z. Z. nicht lieferbar)

Band 5
Rheuma I
(3., aktualisierte Auflage)
Natürliches Vitamin E
als neues Therapiekonzept

Band 6
Exzessives Spielen
Zur Häufigkeit, Psychologie und
Therapie der sog. Spielsucht

Band 7
Epilepsie
Moderne Aspekte zur Diagnostik,
Therapie und Patientenführung

Band 8
Das Trockene Auge
(2. Auflage)
Ursachen, Diagnose,
Differentialdiagnose, Therapie

Band 9
Hyperlipidämien
(2. Auflage)
Diagnose und Therapie heute

Band 10
Krank durch Passivrauchen?
(z. Z. nicht lieferbar)

Band 11
Benigne Prostatopathien
(2. Auflage)
Grundlegende und
therapeutische Aspekte

Band 12
**Steroide in der
Augenheilkunde**
Möglichkeiten und Grenzen
im therapeutischen Alltag

Band 13
Akne
Möglichkeiten und Grenzen
der topischen und systemischen
Therapie

Band 14
Selen
(z. Z. nicht lieferbar)

Band 15
Ginseng
(z. Z. nicht lieferbar)

Band 16
Fett in der Ernährung
Fettreduzierung und
Fettmodifikation vermindern
das Erkrankungsrisiko

Band 17
Das Glaukom
Moderne diagnostische und
therapeutische Aspekte

Band 18
Verapamil
(Engl. Originalausgabe, 2. Aufl.)
A Drug on the Threshold
of the Next Decade

Band 19
Hirnleistungsstörungen
(2. Auflage)
Neue Aspekte zu Indikationen,
Ursachen und Therapie

Band 20
**Chemie und Physik in
Küche und Ernährung**
(2. Auflage)
Moderne Lebensmittel-
Technologie in der Diskussion

Band 21
Geldspiele im Blickpunkt
Neue Zahlen, Fakten und
Erkenntnisse

Band 22
Therapie mit Messer und Gabel
Ernährungsmedizinische Aspekte
zu den häufigsten Erkrankungen

Bestellungen sind direkt an den Verlag zu richten. Die Lieferung erfolgt mit beigefügter Rechnung. Porto und Verpackung werden gesondert berechnet.

WISSENSCHAFTSVERLAG
WELLINGSBÜTTEL
Postfach 65 02 44, 22363 Hamburg
Telefon 0 40 – 5 36 75 55
Telefax 0 40 – 5 36 62 38